鲁中石 编著

最强大脑

锻炼思维的逻辑游戏

吉林出版集团股份有限公司

图书在版编目（CIP）数据

最强大脑 . 锻炼思维的逻辑游戏 / 鲁中石编著 . --
长春 : 吉林出版集团股份有限公司 , 2018.11
　ISBN 978-7-5581-5920-6

　Ⅰ . ①最⋯ Ⅱ . ①鲁⋯ Ⅲ . ①智力游戏 – 通俗读物
Ⅳ . ① G898.2

中国版本图书馆 CIP 数据核字（2018）第 248497 号

ZUI QIANG DANAO　DUANLIAN SIWEI DE LUOJI YOUXI
最强大脑　锻炼思维的逻辑游戏

编　　著：鲁中石
出版策划：孙　昶
项目统筹：郝秋月
责任编辑：金佳音
装帧设计：韩立强
出　　版：吉林出版集团股份有限公司
　　　　　（长春市福祉大路 5788 号，邮政编码：130118）
发　　行：吉林出版集团译文图书经营有限公司
　　　　　（http://shop34896900.taobao.com）
电　　话：总编办 0431-81629909　营销部 0431-81629880 / 81629900
印　　刷：天津海德伟业印务有限公司
开　　本：880mm × 1230mm　　1 /32
印　　张：6
字　　数：120 千字
版　　次：2018 年 11 月第 1 版
印　　次：2019 年 7 月第 2 次印刷
书　　号：ISBN 978-7-5581-5920-6
定　　价：32.00 元

逻辑思维能力是指采用科学的思维方法，对事物进行观察、比较、分析、综合、抽象、概括、判断、推理，从而准确而有条理地表达自己思维过程的能力。逻辑是所有学科的基础。逻辑能力不但决定了思考能力、学习能力、管理能力、表达能力，还与我们日常生活中的行事、说话、交往等密切相关，它对我们理清思路、完善语言表达、统筹时间、规划人生等都有很大帮助，是每个人都必须具备的基本能力。

黑格尔曾说过，逻辑是一切思考的基础。逻辑思维能力强的人能迅速、准确地把握住问题的实质，面对纷繁复杂的问题能更容易找到解决的办法。当今社会，逻辑思维能力越来越被人重视，不仅学生应试要具备逻辑思维能力，就是公务员考试也有逻辑测试题。世界著名公司的招聘面试中，逻辑能力训练题目更是必考内容，它对考察一个人的思维方式及思维适应能力有极其明显的作用，这样的能力往往也与工作中的应变与创新能力密切相关。只有通过不断的训练来活跃思维，在遇到问题时才能得心应手，游刃有余。

那么，该如何使大脑"动起来"，轻松提高逻辑能力呢？

本书介绍了排除法、递推法、作图法、计算法、类比法、分析法、综合法、推理法等 8 种常用的解题方法，并精选近千道世界上顶级的逻辑思维训练题，既有简单的谜题，也有复杂的游戏，每一道题都是为全方位培养和训练读者的逻辑思维能力专门设计的，引导读者亲身实践这些方法的应用。

编者还根据难易程度将题目分为初级、中级和高级三个等级，读者可以根据自己的实际情况逐步训练，也可以有选择地学习和训练，从而激发推理潜能、扩展想象空间、活跃思维，掌握正确的逻辑思维方法，提升逻辑思维能力。

无论是孩子、大人，还是学生、上班族、求职者、管理层，甚至是高智商的天才，都能从中找到适合自己的题目。通过完成这些训练题，你会发现自己的逻辑思维潜能得到了全面的开发，无论在学习、生活、求职、工作中遭遇什么样的问题，你都再不会感到无从下手，而是能够运用从本书中学到的各种逻辑思维方法，通过思维的灵活转换，顺利迈向成功。

目录

第一章　排除法

1. 困惑【初级】/ 2

2. 找出异己【初级】/ 2

3. 破损的金字塔【初级】/ 2

4. 找袜子【初级】/ 2

5. 波娣娅的宝盒【初级】/ 3

6. 哪一个不一样【初级】/ 3

7. 三棱柱【初级】/ 3

8. 形单影只【初级】/ 4

9. 移民【初级】/ 4

10. 分开链条【初级】/ 5

11. 规律【初级】/ 5

12. 翻身【中级】/ 5

13. 帽子的颜色【中级】/ 6

14. 美丽的正方体【中级】/ 6

15. 看一看【中级】/ 6

16. 一刀两断【中级】/ 7

17. 残缺的纸杯【中级】/ 7

18. 在海滩上【中级】/ 7

19. 工作服【中级】/ 8

20. 夏日嘉年华【中级】/ 8

21. 吹笛手游行【中级】/ 9

22. 顶峰地区【中级】/ 9

23. 出师不利【中级】/ 10

24. 汤姆的舅舅【中级】/ 11

25. 小屋的盒子【中级】/ 11

26. 换装【中级】/ 12

27. 记者艾弗【中级】/ 13

28. 野鸭子【中级】/ 13

29. 破纪录者【中级】/ 14

30. 请集中注意力【中级】/ 15

31. 势单力薄的警察们【中级】/ 16

32. 抓巫将军【中级】/ 16

33. 英格兰的旗舰【中级】/ 17

34.在沙坑里【中级】/ 18

35.小宝贝找妈妈【中级】/ 19

36.演艺人员【高级】/ 20

37.狮子座的人【高级】/ 21

38.黑猩猩【高级】/ 21

39.找出皇后【高级】/ 22

40.国际象棋【高级】/ 23

41.摇滚乐队【高级】/ 24

42.飞行训练【高级】/ 25

43.生病【高级】/ 26

44.足球评论员【高级】/ 27

答案 / 29

第二章　递推法

1.图形组合【初级】/ 46

2.图形四等分【初级】/ 46

3.哪个不相关【初级】/ 46

4.图形识别【初级】/ 46

5.填数字【初级】/ 47

6.黑色还是白色【初级】/ 47

7.黑点方格【初级】/ 47

8.图形转换【初级】/ 48

9.缺少的时针【初级】/ 48

10.类同变化【初级】/ 48

11.回忆填图【初级】/ 49

12.补充图案【初级】/ 49

13.规律推图【初级】/ 49

14.图形选择【初级】/ 49

15.有趣的脸谱【中级】/ 50

16.查缺补漏【中级】/ 50

17.数字代码【中级】/ 50

18.添上一条线【中级】/ 50

19.推测符号【中级】/ 51

20.中国盒【中级】/ 51

21.数字巧妙推【中级】/ 51

22.数字矩阵【中级】/ 51

23.补充表格【中级】/ 52

24.跳棋【中级】/ 52

25.ABC（1）【中级】/ 52

26.战舰（1）【中级】/ 53

27.战舰（2）【中级】/ 53

28.寻找骨牌（1）【中级】/ 54

29.ABC（2）【中级】/ 54

30.ABC（3）【中级】/ 54

31.战舰（3）【中级】/ 55

32.寻找骨牌（2）【中级】/ 55

33.战舰（4）【中级】/ 56

34.寻找骨牌（3）【中级】/ 56

35. 战舰（5）【中级】/ 57

36. 战舰（6）【中级】/ 57

37. 格拉斯哥谜题【高级】/ 58

38. 方格寻宝【高级】/ 58

39. 战舰（7）【高级】/ 59

40. 战舰（8）【高级】/ 59

41. 战舰（9）【高级】/ 60

42. 寻找骨牌（4）【高级】/ 60

43. ABC（4）【高级】/ 61

44. 寻找骨牌（5）【高级】/ 61

45. ABC（5）【高级】/ 61

46. 战舰（10）【高级】/ 62

47. 寻找骨牌（6）【高级】/ 62

48. 战舰（11）【高级】/ 63

49. 四人车组【高级】/ 63

50. 勋章【高级】/ 64

答案 / 65

第三章　作图法

1. 老鼠迪克【初级】/ 74

2. 谁先到达【初级】/ 74

3. 男生还是女生【初级】/ 74

4. 几个正方形【初级】/ 74

5. 双胞离体【初级】/ 75

6. 不向左转【初级】/ 75

7. 只剩一点【初级】/ 75

8. 视图【初级】/ 76

9. 条条大道通罗马【初级】/ 76

10. 飞船【初级】/ 76

11. 未来时光【中级】/ 77

12. 面积有多大【中级】/ 77

13. 考试的结果【中级】/ 77

14. 人鬼同渡【中级】/ 78

15. 各走各门【中级】/ 78

16. 兔子难题【中级】/ 78

17. 拼汉字【中级】/ 79

18. 学生会委员【中级】/ 79

19. 保守的丈夫【中级】/ 79

20. 放不下的榻榻米【中级】/ 80

21. 移动汽车【中级】/ 80

22. 戒指放盒里【中级】/ 80

23. 聪明的家丁【中级】/ 81

24. 变大的正方形【中级】/ 81

25. 十字变方【中级】/ 81

26. 巧做十字标【中级】/ 82

27. 设计桌面【中级】/ 82

28. 神奇的风筝【中级】/ 82

29. 谁点了牛排【高级】/ 83

30. 火车卸运【高级】/ 83

31. 周游世界【高级】/ 83

32. 贪玩的蜗牛【高级】/ 84

33. 迷宫（1）【高级】/ 84

34. 迷宫（2）【高级】/ 84

35. 弹孔【高级】/ 85

36. 地毯【高级】/ 85

37. 占卜板【高级】/ 86

38. 婚礼【高级】/ 86

答案 / 87

第四章　计算法

1. 巧妙连线【初级】/ 96

2. 数字和密码【初级】/ 96

3. 书蛀虫【初级】/ 96

4. 几何（1）【初级】/ 97

5. 细长玻璃杯【初级】/ 97

6. 自行车【初级】/ 97

7. 钱包【初级】/ 98

8. 卖车【初级】/ 98

9. 加法【初级】/ 99

10. 机器人【初级】/ 99

11. 五行打油诗【初级】/ 100

12. 破解密码算式【中级】/ 100

13. 剩余的页数【中级】/ 100

14. 计算闯关【中级】/ 101

15. 链子【中级】/ 101

16. 动物【中级】/ 101

17. 保险箱【中级】/ 102

18. 数字【中级】/ 102

19. 长角的蜥蜴【中级】/ 102

20. 车厢【中级】/ 103

21. 开商店【中级】/ 103

22. 铁圈枪【中级】/ 104

23. 灵长类动物【中级】/ 104

24. 面粉【中级】/ 105

25. 排列数字【中级】/ 105

26. 幻方游戏【中级】/ 106

27. 轮船【中级】/ 106

28. 圆圈【中级】/ 107

29. 台球【中级】/ 107

30. 天文【中级】/ 107

31. 数学题【中级】/ 108

32. 英雄【中级】/ 108

33. 神秘的正方形【中级】/ 109

34. 几何（2）【中级】/ 109

35. 蜘蛛网【中级】/ 109

36. 靶子【中级】/ 110

37. 射箭【高级】/ 110

38. 三角形组【高级】/ 110

39. 替换数字【高级】/ 111

40. 亚当和夏娃【高级】/ 111

41. 讨论会【高级】/ 112

答案 / 113

第五章　类比法

1. 真的没有时间吗【初级】/ 122

2. 碑铭【初级】/ 122

3. 文字推数【初级】/ 122

4. 单词【初级】/ 123

5. 长袜【初级】/ 123

6. 一样的小马【初级】/ 123

7. 成才与独生【中级】/ 124

8. 最适合【初级】/ 124

9. 假设【中级】/ 124

10. 哪里人【中级】/ 125

11. 判断正误【中级】/ 125

12. 挽救熊猫的方法【中级】/ 125

13. 犯罪嫌疑人【中级】/ 126

14. 百米冠军【中级】/ 126

15. 堆积（1）【中级】/ 127

16. 堆积（2）【中级】/ 127

17. 堆积（3）【中级】/ 128

18. 堆积（4）【中级】/ 129

19. 堆积（5）【中级】/ 130

20. 堆积（6）【中级】/ 130

21. 巨型鱼【中级】/ 131

22. 小丑【中级】/ 132

23. 玩具【中级】/ 132

24. 女巫【中级】/ 133

25. 手表【中级】/ 134

26. 考古【中级】/ 134

27. 朗姆酒【中级】/ 135

28. 猜纸牌【中级】/ 135

29. 埋伏地点【中级】/ 136

30. 市议员【中级】/ 136

31. 最重的西瓜【高级】/ 137

32. 正确答案【高级】/ 137

33. 英语过级【高级】/ 137

34. 背后的圆牌【高级】/ 138

35. 3 000 米决赛【高级】/ 138

36. 黑白筹码【高级】/ 139

37. 爱丽丝【高级】/ 140

38. 假砝码【高级】/ 140

39. 鸡蛋【高级】/ 141

40. 水下【高级】/ 141

41. 汽车【高级】/ 142

42. 城镇【高级】/ 142

答案 / 143

第六章　分析法

1. 标签怎样用【初级】/ 150

2. 远近【初级】/ 150

3. 图形变身【初级】/ 150

4. 理发【初级】/ 151

5. 只动一点点【初级】/ 151

6. 机车【初级】/ 151

7. 洗车工【初级】/ 152

8. 在购物中心工作【初级】/ 152

9. 不同颜色的马【初级】/ 153

10. 长长的工龄【初级】/ 153

11. 魔方【中级】/ 154

12. 渡河【中级】/ 154

13. 聪明的匪徒【中级】/ 154

14. 多点相连【中级】/ 155

15. 图形数字【中级】/ 155

16. 三只桶的称量【中级】/ 155

17. 两数之差【中级】/ 156

18. 寄出的信件【中级】/ 156

19. 柜台交易【中级】/ 157

20. 春天到了【中级】/ 157

21. 赛马【中级】/ 158

22. 往返旅途【中级】/ 159

23. 扮演马恩的4个演员【中级】/ 159

24. 五月皇后【中级】/ 160

25. 年轻人出行【中级】/ 161

26. 航海【中级】/ 162

27. 交叉目的【中级】/ 162

28. 可爱的熊【中级】/ 163

29. 囚室【中级】/ 164

30. 下一个出场者【中级】/ 165

31. 戒指女人【中级】/ 165

32. 多面体环【中级】/ 166

答案 / 167

第一章

排除法

　　所谓排除法，是指在综合考虑题目内容、题干和备选答案等各种信息的基础上，运用一定的逻辑推理，排除不符合题干要求或与题目内容不符的干扰项，从而选出正确答案的一种解题方法。

　　排除法看似笨拙，但在解题的过程中却特别重要。正确运用排除法，往往能收到事半功倍的效果。这种方法在工作和生活中经常会被用到，对于提高大家的逻辑思维能力、推理能力有很大的作用。

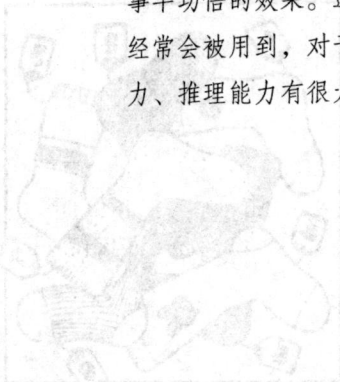

1. 困惑【初级】

哪一项不是箱子相同
3个面的视图？

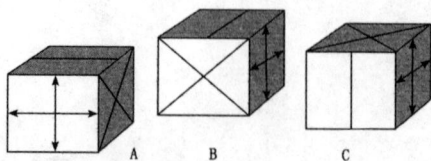

2. 找出异己【初级】

在右边 4 个字母中，哪个
与其余 3 个差别最大呢？

AZFN

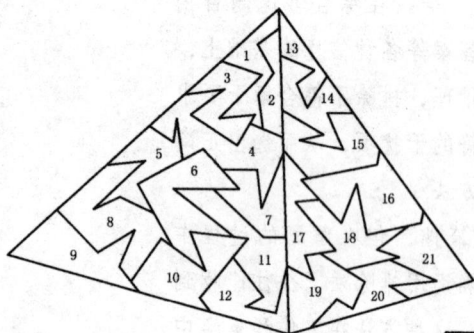

3. 破损的金字塔【初级】

年久失修的金字塔有
很多裂缝，其中有两块碎
片形状是一模一样的，是
哪两块碎片？

4. 找袜子【初级】

图中 7 只袜子随便地摆放
着，请你仔细地观察一下，放在
最下面的是几号袜子呢？

5. 波娣娅的宝盒【初级】

在莎士比亚的《威尼斯商人》一剧中，波娣娅有 3 个珠宝盒，一个是金的，一个是银的，一个是铜的。在其中一个盒子中，藏有波娣娅的画像。波娣娅的追求者要在这 3 个盒子中选择一个。如果他有足够的运气，或者足够的智慧，挑出的那个盒子藏有波娣娅的画像，他就能娶波娣娅为妻子。如下图所示，在每个盒子外面，写有一段话，内容都是有关本盒子是否装有画像。

波娣娅告诉追求者，在 3 句话中，最多只有一句是真的。这个追求者有可能成为幸运者吗？他应该选择哪个盒子呢？

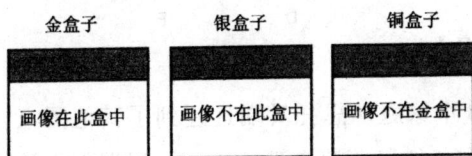

6. 哪一个不一样【初级】

下面几个图片中，哪一个与其他的不一样？

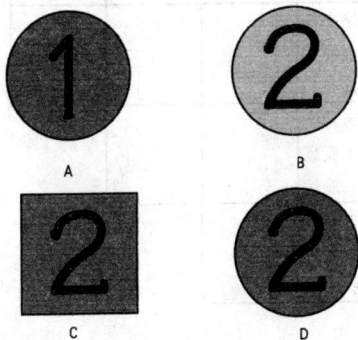

7. 三棱柱【初级】

4 个选项中哪一个是原图的展开图？

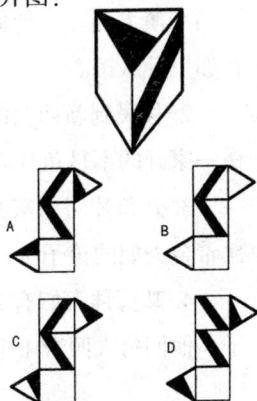

3

8. 形单影只【初级】

下面的图形中哪一个是与众不同的？

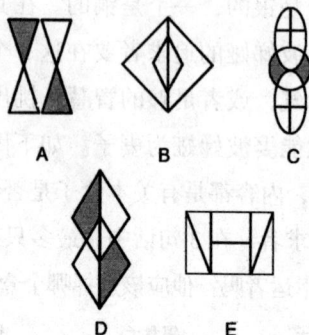

A　　　B　　　C

D　　　E

9. 移民【初级】

去年有 3 个家庭从思托贝瑞远迁到了其他国家，现在他们在那里有声有色地经营着自己的小店。根据下面的信息，你能说出每对夫妻有几个孩子、他们移民到了哪里以及所做的是何种生意吗？

1. 有 3 个孩子的家庭移民到了澳大利亚，他们没有在那里开旅馆。

2. 移民到新西兰的布里格一家开的不是鱼片店。

3. 开鱼片店那家的孩子比希金夫妇的孩子少。

4. 基德拜夫妇有 2 个孩子，他们每人照看 1 个。

	1个	2个	3个	澳大利亚	加拿大	新西兰	鱼片店	农场	旅馆
布里格夫妇									
希金夫妇									
基德拜夫妇									
鱼片店						
农场						
旅馆						
澳大利亚			
加拿大			
新西兰			

10. 分开链条【初级】

　　在收拾一盒链子时，珠宝匠发现了如图所示的3根相连的链条，并决定把这链条分开。经过观察，珠宝匠找到了只需打开1根链子就能分开整个链条的方法。你找出来了吗？

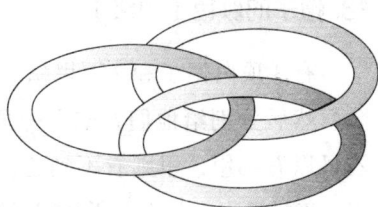

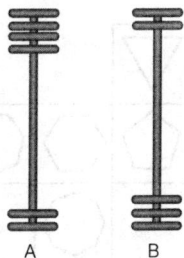

11. 规律【初级】

　　左图中哪一项不符合排列规律？

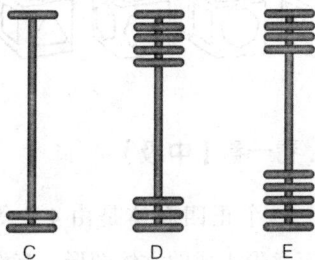

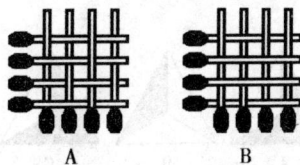

A　　　　B

C　　　D　　　E

12. 翻身【中级】

　　请你把右边的火柴图按箭头所指的方向翻一个身，它会变成选项中哪一个？

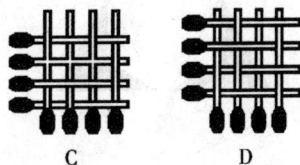

A　　　　　　B

C　　　　　　D

5

13. 帽子的颜色【中级】

有 3 顶白帽子和 2 顶黑帽子。让甲、乙、丙 3 人同向列成一队，然后分别给他们各戴上一顶白帽子。即丙可以看到乙、甲，乙可以看到甲，甲则看不到乙、丙。如下图。他们 3 人中，谁可以正确推导出自己头上所戴帽子的颜色？

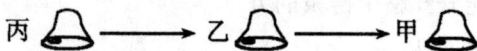

丙 ⟶ 乙 ⟶ 甲

14. 美丽的正方体【中级】

有一个正方体的每一个面都有美丽的图案装饰着，右图是这个正方体拆开后的各面的图案构成。那么在下面的几个选项中，哪一个不是这个正方体的立体面？

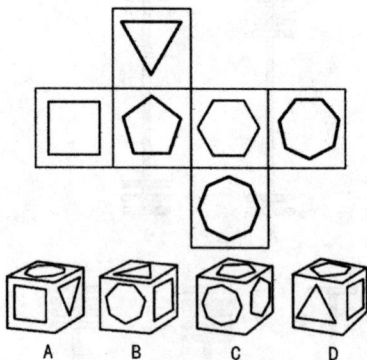

A　B　C　D

15. 看一看【中级】

一个正四面体是由 4 个等边三角形组成的立体图形，有点像金字塔。每一个面都可以被涂上与其他面不同的颜色，在 5 个选项中，有 4 项是同一四面体从不同顶点的俯视图，一项不是。你能找出是哪一项吗？

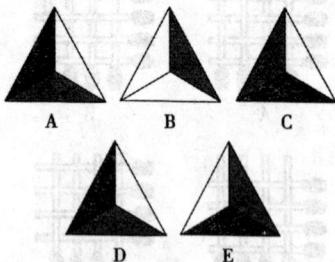

A　B　C

D　E

16. 一刀两断【中级】

右图的图中有 4 个圈，把其中的 1 个圈剪开，其余的 3 个圈就会全部分开，想一下，看看剪哪个圈，才会使其余的 3 个圈全部分开。

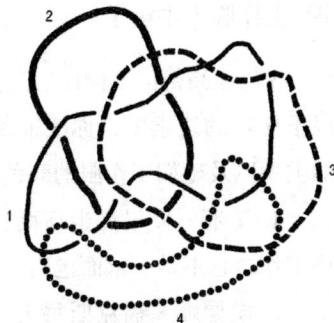

从此处展开

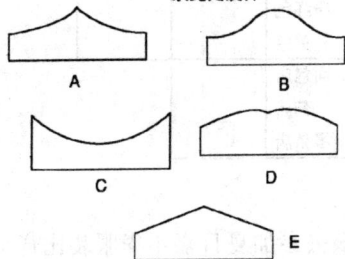

A B

C D

E

17. 残缺的纸杯【中级】

一个斜切的纸杯，其侧面展开图是什么样的呢?

18. 在海滩上【中级】

3 位母亲带着各自年幼的儿子在海滩上玩，从以下所给的线索中，你能准确地推断出这 3 位母亲的姓名、她们儿子的名字以及孩子所穿泳衣的颜色吗?

1. 丹尼斯不是蒂米的妈妈，蒂米穿红色泳衣。

2. 莎·卡索在海滩上玩得相当愉快。

3. 曼迪的儿子穿绿色泳衣。

4. 那个姓响的小男孩穿着橙色泳衣。

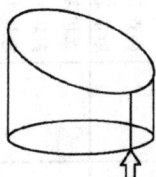

7

19. 工作服【中级】

3位在高街区不同商店工作的女店员都需要穿工作服上班。从以下所给的线索中，你能推断出每个店员所在的商店名称、商店的类型以及她们工作服的颜色吗？

1. 艾米·贝尔在半岛商店工作，它不是一家面包店。

2. 埃德娜·福克斯每天都穿黄色的工作服上班。

3. 斯蒂德商店的女店员都穿蓝色的工作服。

4. 科拉·迪在一家药店工作。

	半岛商店	梅森商店	斯蒂德商店	面包店	药店	零售店	蓝色	粉红色	黄色
艾米·贝尔									
科拉·迪									
埃德娜·福克斯									
蓝色									
粉红色									
黄色									
面包店									
药店									
零售店									

20. 夏日嘉年华【中级】

3位自豪的母亲带着各自的小孩去参加夏日嘉年华服装比赛，并且赢得了前3名的好成绩。从以下所给的线索中，你能将这3位母亲和她们各自的孩子配对，并描述出每个小孩的服装以及他们的名次吗？

1. 穿成垃圾桶装束的小孩排名紧跟在丹妮尔的孩子的后面。

2. 杰克的服装获得了第三名。

3. 埃莉诺的服装像一个蘑菇。

4. 梅勒妮是尼古拉的母亲，尼古拉不是第二名。

	埃莉诺	杰克	尼古拉	机器人	垃圾桶	蘑菇	第一名	第二名	第三名
丹妮尔									
梅勒妮									
谢莉									
第一名									
第二名									
第三名									
机器人									
垃圾桶									
蘑菇									

21. 吹笛手游行【中级】

图中展示了吹笛手带领着哈密林镇的小孩游行，原因是他用他的笛声赶走了镇里所有的老鼠，但镇里却拒绝付钱给他。从以下所给的线索中，你能说出4个小孩的名字、他们的年龄以及他们父亲的职业吗？

1. 牧羊者的小孩紧跟在6岁的格雷琴的后面。

2. 汉斯要比约翰纳年纪小。

3. 最前面的小孩后面紧跟的不是屠夫的孩子。

4. 队列中3号位置的小孩今年7岁。

5. 玛丽亚的父亲是药剂师，她要比2号位置的孩子年纪小。

姓名：格雷琴，汉斯，约翰纳，玛丽亚
年龄：5，6，7，8
父亲：药剂师，屠夫，牧羊者，伐木工

山峰：＿＿＿
峰高次序：＿＿
神：＿＿

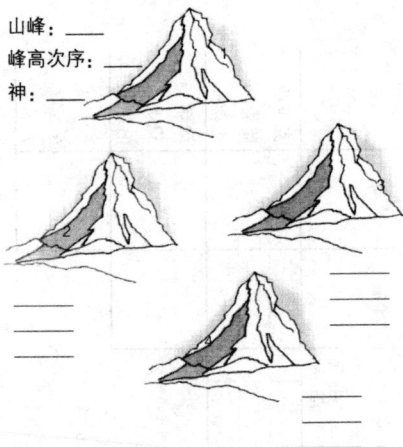

22. 顶峰地区【中级】

在安第斯山脉的某个人迹罕至之地，那里的4座高峰都被当地居民当作神来崇拜。从以下所给的线索中，你能说出4座山峰的名字以及它们之前被当作哪个神来崇拜吗？最后将4座山峰按高度排序。

1. 最高那座山峰是座火山，曾经被当作火神崇拜。

2. 格美特被当作庄稼之神崇拜，是 4 座山峰中最矮那座的顺时针方向上的下一座。

3. 山峰 1 被当作森林之神崇拜。

4. 最西面的山峰叫飞弗特尔，而普立特佩尔不是第二高的山峰。

5. 最东面那座是第三高的山峰。

6. 辛格凯特比被崇拜为河神的山峰更靠北一些。

山峰：飞弗特尔，格美特，普立特佩尔，辛格凯特
峰高次序：最高，第二，第三，第四
神：庄稼之神，火神，森林之神，河神

23. 出师不利【中级】

在最近的乡村板球比赛中，头 3 号种子选手都发挥得不甚理想，都因某个问题出局。从以下所给的线索中，你能找出得分记录簿中各人的排名、他们出局的原因以及总共得分的场数吗？

1. 犯规的板球手得分的场数比克里斯少。

2. 史蒂夫得分的场数不是 2，他得分要比被判 lbw（板球的一种违规方式）的选手要低。

3. 哈里不是 1 号，因滚球出场，他的得分不是 7。

4. 3 号的得分不是 4。

		克里斯	哈里	史蒂夫	滚球	犯规	lbw	2	4	7
位置	1									
	2									
	3									
得分	2									
	4									
	7									
	滚球									
	犯规									
	lbw									

24. 汤姆的舅舅【中级】

汤姆是思道布市的市长，他在镇上有 3 个舅舅，3 人在退休之前从事着不同的职业，退休之后都把时间花在各自的爱好上。从以下所给的线索中，你能说出每个舅舅出生的时间、他们曾经的职业以及各自的爱好吗？

	1910年	1913年	1916年	工程师	士兵	教师	诗歌	钓鱼	制作挂毯
安布罗斯									
伯纳德									
克莱门特									
诗歌									
钓鱼									
制作挂毯									
工程师									
士兵									
教师									

1. 伯纳德要比他有不寻常爱好——制作挂毯——的兄弟年纪大。

2. 退休之前从事教师职业的舅舅不是出生于 1913 年，也不爱好诗歌。

3. 以前是工程师的舅舅把大部分的时间花在钓鱼、阅读和书写钓鱼书籍上，他的年纪要比安布罗斯小。

25. 小屋的盒子【中级】

每次乔做家务要用到东西的时候，他就会去盒子里找。图中架子上立着 4 个不同颜色的盒子，每个盒子里都是一些有用的东西。从以下所给的线

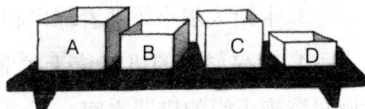

盒子颜色：____ ____ ____ ____
东西数目：____ ____ ____ ____
东西条目：____ ____ ____ ____

索中，你能弄清有关盒子的所有详细细节吗？

1. 不同种类的 43 个钉子不在灰色的盒子里。

2. 蓝色的盒子里有 58 样东西。

3. 螺丝钉在绿色的盒子里，绿色盒子一边的盒子里有洗涤器，另一边的盒子里放着数目最多的东西。

4. 地毯缝针在 C 盒子里。

盒子颜色：蓝，灰，绿，红
东西数目：39，43，58，65
东西条目：地毯缝针，钉子，螺丝钉，洗涤器

26. 换装【中级】

在过去，有素养的女士不像现在这样能在海边游泳，她们只能穿着及膝的浴袍坐在沐浴

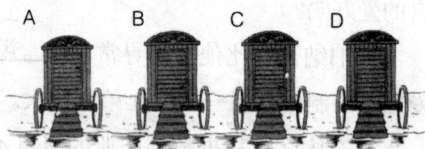

用的机器上，让机器把她们缓缓降入水中。上图展示的是 4 台机器，从所给的线索中，你能说出使用机器的 4 位女士的名字以及她们所穿浴袍的颜色吗？

1. 贝莎的机器紧挨马歇班克斯小姐的机器。

2. C 机器是兰顿斯罗朴小姐的。

3. 卡斯太尔小姐穿着绿白相间的浴袍。

4. 拉福尼亚的机器位于尤菲米娅·坡斯拜尔的机器和穿黄白相间浴袍小姐的机器之间。

5. 使用 B 机器的女士穿了红白相间的浴袍。

名：贝莎，尤菲米娅，拉福尼亚，维多利亚
姓：卡斯太尔，兰顿斯罗朴，马歇班克斯，坡斯拜尔
浴袍：蓝白相间，绿白相间，黄白相间，红白相间

27. 记者艾弗【中级】

上周末，记者艾弗对 3 位国际著名女性进行了采访。根据下面的信息，你能找出每天他所采访的女性的名字、职业和家乡吗？

	阿比·布鲁克	利亚·凯尔	帕特丝·欧文	电影演员	小说家	流行歌手	澳大利亚	加拿大	美国
星期五									
星期六									
星期日									
澳大利亚									
加拿大									
美国									
电影演员									
小说家									
流行歌手									

1. 艾弗在采访加拿大女星的第二天又采访了帕特丝·欧文。

2. 艾弗在星期五采访了一名流行歌手。

3. 艾弗在采访了一位澳大利亚的客人之后采访了畅销小说家阿比·布鲁克。

4. 艾弗在星期天访问的不是女电影演员。

28. 野鸭子【中级】

在池塘的周围有 4 栋别墅，每栋别墅的花园都是一只母鸭子和它的一群小鸭子的领地。根据下面的线索，你能说出图中每个别墅的名字、别墅主人给母鸭子取的名字以及每只母鸭子生了多少只小鸭子吗？

1. 戴西生了 7 只小鸭子，它把巢筑在与洁丝敏别墅顺时针相邻的那栋别墅里。

2. 沃德拜别墅在池塘的西面。

3. 迪力生的小鸭子比在罗斯别墅孵养的小鸭子少一只，而后者在逆时针方向上和前者所在的别墅相邻。

4. 多勒生的小鸭子数量最少。

5. 达芙妮所在的别墅和小鸭子数最少的那栋别墅沿逆时针方向是邻居。

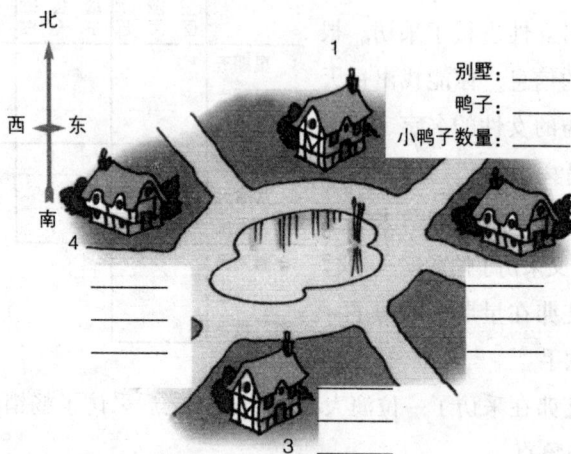

别墅：洁丝敏别墅，来乐克别墅，罗斯别墅，沃德拜别墅

鸭子：戴西，达芙妮，迪力，多勒

小鸭子数量：5，6，7，8

29. 破纪录者【中级】

新闻照片上是 4 名年轻的女运动员，她们在最近的国家青年运动锦标赛中打破了各自参赛项目的纪录。根据下面的信息，你能认出图片中的 4 个女孩，并说出她们各自打破了什么项目的纪录吗？

1. 凯瑞旁边的两个女孩都打破了跑步类项目的纪录。

2. 戴尔芬·赫尔站在标枪运动员旁边。

3. 洛伊斯不在 2 号位置。

4. 1 号位置的女孩打破了跳远项目的纪录，她不姓福特。

5. 一名姓哈蒂的运动员打破了 400 米项目的纪录，但她不叫瓦内萨。

名：戴尔芬，凯瑞，洛伊斯，瓦内萨
姓：福特，赫尔，哈蒂，斯琼
比赛项目：100 米，400 米，标枪，跳远

30. 请集中注意力【中级】

乡长老斯布瑞格正在指派任务，4 个老朋友看上去都很认真。根据下面的信息，你能认出 1 ~ 4 号位置的每个人，说出他们想做的事以及每个人穿的衣服是什么面料的吗？

1. 一个人穿着狼皮上衣，艾格挨着他并在他的右边。

2. 埃格正在想怎样面对他自己的岳母耐格，本身他的妻子就很能言善辩。

3. 穿着山羊皮上衣的人在 3 号位置。

4. 奥格穿着小牛皮上衣，他不打算靠粉刷他的窑洞的墙壁打发时间。

5. 穿着绵羊皮外套的那个人打算在假日里把他的小圆舟上的漏洞修补一下，坐在他左边的是阿格。

集会成员：艾格，埃格，奥格，阿格
想做的事：钓鱼，修小圆舟，粉刷窑洞的墙壁，拜访岳母
上衣：小牛皮，山羊皮，绵羊皮，狼皮

31. 势单力薄的警察们【中级】

4个警察在执行一项镇压示威游行的任务，他们试图用警戒线隔离人群。在行动后期每个人的身体都受到了伤害，那种折磨让他们难以忍受。根据下面的信息，你能分辨出1~4号警官并说出他们所受到的伤害吗？

1. 时刻紧绷着神经使2号警官的肩膀都麻木了，这让他感觉很不舒服。

2. 内卫尔的鼻子痒得厉害，但他不能去抓，因为卡弗的左手紧紧抓着他的右手。

3. 图片上这群势单力薄的警察中，布特比亚瑟更靠左边，艾尔莫特站在格瑞的右面，中间隔了一个位置。

4. 斯图尔特·杜琼和有鸡眼的警官之间隔了一个人。

名：亚瑟，格瑞，内卫尔，
斯图尔特
姓：布特，卡弗，艾尔莫特，杜琼
问题：鸡眼，肩膀麻木，发痒的鼻子，肿胀的脚

32. 抓巫将军【中级】

在17世纪中期，"抓巫将军"马太·霍普金斯主要负责杀死那些被人们认为是巫婆或者巫师的人，其中有3个巫婆来自思托贝瑞附近的乡村。根据下面的信息，你能说出每个巫婆的名字、绰号以及各自的家乡和获得法力的时间吗？

1. 艾丽丝·诺格斯被称为"诺格斯奶奶"是很自然的事情。

2. 马太·霍普金斯 1647年在盖蒙罕姆抓到了一个女巫并把她送到了法院接受审判。

3. "蓝鼻子母亲"不是在1648年被确定为女巫，也不是来自里球格特乡村，一生居住在这个乡村的也不是克莱拉·皮奇。

4. 1649年，经"抓巫将军"证实，"红母鸡"是一个和魔鬼勾结在一起的女巫；从希尔塞德抓到的那名妇女被证实是女巫，随后的第二年伊迪丝·鲁乔也被确认为女巫。

	绰号			家乡					
	"诺格斯奶奶"	"蓝鼻子母亲"	"红母鸡"	盖蒙罕姆	希尔塞德	里球格特	1647年	1648年	1649年
艾丽丝·诺格斯									
克莱拉·皮奇									
伊迪丝·鲁乔									
1647年									
1648年									
1649年									
盖蒙罕姆									
希尔塞德									
里球格特									

33. 英格兰的旗舰【中级】

1805年10月21日，罗德·纳尔逊在战役中不幸受伤，他在特拉法尔战役中战胜了法国舰队。他的旗舰的名字由16个字母组成。根据下面的信息，你能在每个小方框中填出正确的字母吗？

1. 任何两个水平、垂直或对角线方向上的相邻字母都不同。

2. V在R下面的第二个方框内，并在C的左边第二个方框内。

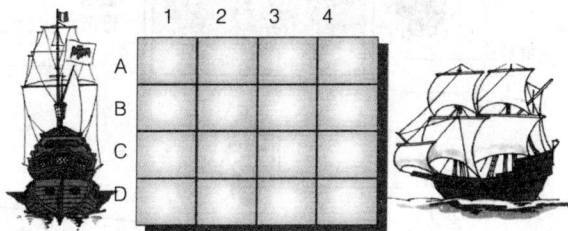

3. L不在A2位置，也不在最后一行。

4. 其中一个A在D3位置上，但没有一个R在D4位置上。

5. A4和C2中的字母相同，紧邻它们下面的方框内的字母都是元音字母。

6. G在I所在行的上面一行。

7. O就在T上面的那个位置，在Y下面一行的某个位置，而Y在与O不同的一列的顶端。

要填的16个字母：A，A，A，C，F，G，I，L，O，R，R，R，T，T，V，Y

34. 在沙坑里【中级】

在操场的一个角落里有一个沙坑，4位母亲站在沙坑的四周（A，B，C，D），看着自己的孩子在沙坑里（1，2，3，4）玩耍。根据下面的信息，你能分别说出这8个人的名字，并给他们配对吗？

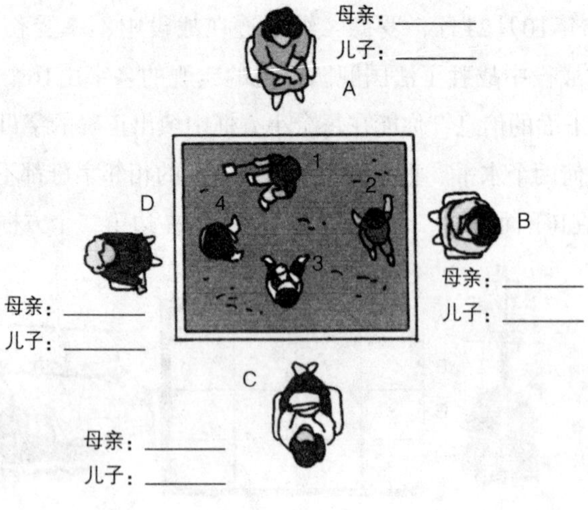

母亲：_____
儿子：_____
A

D

母亲：_____
儿子：_____

B
母亲：_____
儿子：_____

C
母亲：_____
儿子：_____

1. 站在C位置上的不是汉纳，她的儿子站在顺时针方向上爱德华的旁边。

2. 卡纳在 4 号位置上，而他的母亲不在 B 位置。

3. 詹妮的孩子在3号位置。

4. 丹尼尔是莎拉的儿子，他在逆时针方向上的雷切尔儿子的旁边，而雷切尔站在D位置。

5. 没有一个孩子在沙堆里的位置与各自母亲的位置相对应。

母亲：汉纳，詹妮，雷切尔，莎拉
儿子：卡纳，丹尼尔，爱德华，马库斯

35. 小宝贝找妈妈【中级】

根据题目所给条件，你能否判断出宝贝与妈妈的对应关系？

36. 演艺人员【高级】

阳光灿烂的夏日，4位演艺者在大街上展现他们的才艺。从以下所给的线索中，你能判断出在1～4号位置中的演艺者的名字以及他们的职业吗？

1. 沿着大道往东走，在遇到弹着吉他唱歌的人之前你一定先遇到哈利，并且这两个人不在街道的同一边。

2. 泰萨不是1号位置的演艺者，他不姓克罗葳。莎拉·帕吉不是吉他手。

3. 变戏法者在街道中处于偶数的位置。

4. 西帕罗在街边艺术家的西南面。

5. 在2号位置的内森不弹吉他。

名：哈利，内森，莎拉，泰萨
姓：克罗葳，帕吉，罗宾斯，西帕罗
职业：手风琴师，吉他手，变戏法者，街边艺术家

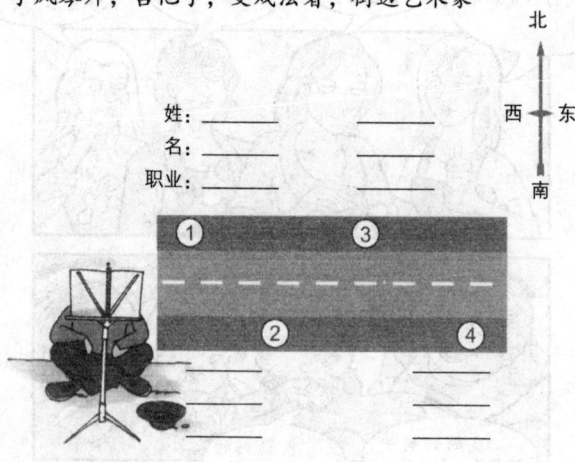

37. 狮子座的人【高级】

我们知道有8个人都是狮子座的。从以下所给的线索中，你能找出各日期出生的人的全名吗？

日期	名	姓
7月28日		
7月29日		
7月30日		
7月31日		
8月1日		
8月2日		
8月3日		
8月4日		

1. 查尔斯的生日要比菲什晚3天。

2. 某女性的生日是8月4日。

3. 安格斯的生日在布尔之后一天，但不是7月31日。

4. 内奥米的生日要比斯盖尔斯早一天，比阿彻晚一天，阿彻是男的，但3人都不是出生在同一年。

5. 安妮在每年的8月2日庆祝她的生日。

6. 克雷布是8月1日生的，但拉姆不是7月30日生的。

7. 斯图尔特·沃特斯的生日和波利不是同一月，波利的生日在巴兹尔之后一天，而巴兹尔的生日是个偶数日。

名：安格斯（男），安妮（女），巴兹尔（女），查尔斯（男），内奥米（女），波利（女），斯图尔特（男），威尔玛（女）

姓：阿彻，布尔，克雷布，菲什，基德，拉姆，斯盖尔斯，沃特斯

38. 黑猩猩【高级】

在西非举行的一次动物学会议上，专家们正在就一项饲养稀有黑猩猩的计划进行讨论，下图展示了去年下半年出生的5只小猩猩。根据下面的线索，你能填出每只小猩猩的名字、出生月份及其母亲的名字吗？

1. 1号黑猩猩比5号黑猩猩至少大1个月，它们两个都不叫罗莫

娜，也都不是格雷特的后代，而格雷特的后代和罗莫娜都不是在7月出生。

2. 里欧比它右边的格洛里亚小，它们两个都比里欧左边的雌猩猩晚出生，这个雌猩猩的母亲叫克拉雷。

3. 贝拉比左边的黑猩猩晚出生1个月，这只黑猩猩的母亲叫爱瑞克。

4. 马琳比丽贝卡晚1个月生产，丽贝卡的后代紧挨着马琳的后代并在其右边。

名字：贝拉，格洛里亚，里欧，珀西，罗莫娜
出生月份：7，8，9，10，11
母亲：爱瑞克，格雷特，克拉雷，马琳，丽贝卡

39. 找出皇后【高级】

这是一场考验耐心的游戏，图中所示的9张扑克牌就是这场游戏的道具。从以下给出的线索中，你能准确地指出这9张牌各自的牌值和花色吗？

1. 9张牌里，只有一种

牌：3、4、5、7、8、10，杰克（J牌），皇后（Q牌），国王（K牌）
花色：梅花，方块，红桃，黑桃

1	2	3
牌：		
花色：		

4	5	6
牌：		
花色：		

7	8	9
牌：		
花色：		

花色出现过3次，而在图中的排列，没有哪一列或行的花色是完全相同的。

2. 皇后紧靠在7的右边，梅花的上面。

3. 8紧靠在黑桃的下面。

4. 杰克紧靠在一张红桃的左边。

5. 图中央那张牌是红桃10。

6. 图中有一排的第一张是梅花5。

7. 9是一张方块。

8. 国王紧靠在4的左边，它们的花色不一样。4和3的花色是一样的。

9. 6和8为不同花色。而2和7为相同的花色。

40. 国际象棋【高级】

图中的米莉·赛克斯是国际象棋俱乐部的女服务员，她正在思考昨晚那个把所有人都难住的思维游戏——把皇后放在正方形棋盘上的一个角（如图所示）。你能否只走4步就可以使它经过棋盘左上角的全部9个方格呢？在你移动每一步棋时，你可以穿过任意多个方格，但是只能朝着一个方向移动。现在，试试看你能否在5分钟内把这个难题解答出来。

41. 摇滚乐队【高级】

5个年轻人准备组建摇滚乐队。通过下面的信息，你能否说出这5个人的名字、乐队的名字、乐队的第一首歌和乐队的音乐风格？

1. 史蒂夫的乐队叫红色莱姆，但是他们录制的不是前卫摇滚风格的《黑匣子》。

2. 内克乐队的歌——《突然》不属于歌德摇滚或另类摇滚风格。

3. 布鲁斯的乐队不叫空旷的礼拜。梅根的乐队也不叫空旷的礼拜，同时她也不是前卫摇滚风格。

4. 贝拉松是一个情绪摇滚风格的乐队名字，但是他们的歌不叫《朱丽叶》。

5. 莱泽开始组建一个独立摇滚风格的乐队。

6. 雷尔的乐队在录制一首名为《毁灭世界》的歌，这首歌的

倾斜	红色莱姆	内克	空旷的礼拜	贝拉松	突然	毁灭世界	朱丽叶	帆布悲剧	黑匣子	前卫摇滚	独立摇滚	歌德摇滚	情绪摇滚	另类摇滚
布鲁斯														
莱泽														
梅根														
雷尔														
史蒂夫														
另类摇滚														
情绪摇滚														
歌德摇滚														
独立摇滚														
前卫摇滚														
黑匣子														
帆布悲剧														
朱丽叶														
毁灭世界														
突然														

曲风不属于情绪摇滚。

7. 有一个乐队叫倾斜；有一首歌叫《帆布悲剧》。

42. 飞行训练【高级】

某年，有个学校的5个男孩被选去进行飞行训练，但是最后没有一个人成为飞行员，因为他们在训练过程中没能顽强地坚持下来。根据下面的信息，你能否说出这几个男孩的名字、他们被派往训练的学校、他们的昵称以及他们没有完成训练任务的原因？

1. 被人叫作水塘的人去了温切斯特大学，他既不是雷奥纳多也不是贾斯汀。

2. 去西鲁斯伯里大学的总是不能瞄准，他不是亚当，亚当的昵称是海雀。

3. 去海洛大学的那个人不会驾驶。

	温切斯特大学	西鲁斯伯里大学	拉格比大学	海洛大学	伊顿大学	烤面包	海雀	水塘	没脑子	生姜	起飞	驾驶	演习	降落	瞄准
亚当															
詹姆士															
贾斯汀															
雷奥纳多															
塞巴斯蒂安															
瞄准															
降落															
演习															
驾驶															
起飞															
生姜															
没脑子															
水塘															
海雀															
烤面包															

4. 塞巴斯蒂安被叫作生姜，他的枪法好极了。

5. 詹姆士和塞巴斯蒂安都不会发生起飞错误。

6. 被叫作烤面包的人去的地方不是伊顿大学。

7. 雷奥纳多在演习时总是表现不好，他的绰号不叫没脑子。

8. 有一个人总是不能准确降落。

9. 有一个人去了拉格比大学。

43. 生病【高级】

　　5个小孩生病了。根据所给的信息，请你说出他们的名字、他们得的什么病、他们睡衣的颜色以及他们得到了什么作为安慰。

　　1. 穿红色睡衣的小孩得到了一本书。

　　2. 得了麻疹的小孩（不是贝利叶也不是弗兰克）得到了一个

	猩红热	扁桃体炎	腮腺炎	麻疹	水痘	黄色	红色	橘色	绿色	蓝色	朋友来看望	玩具	果冻	冰激凌	书
艾丽斯															
贝利叶															
弗兰克															
里伊															
罗宾															
书															
冰激凌															
果冻															
玩具															
朋友来看望															
蓝色															
绿色															
橘色															
红色															
黄色															

玩具。

3. 艾丽斯得了腮腺炎。另外一个小孩（穿着绿色睡衣）有朋友来看望。

4. 弗兰克穿着橘色的睡衣，他得的不是扁桃体炎。

5. 里伊得了猩红热，他穿的睡衣不是绿色的。

6. 得了水痘的小孩没有得到冰激凌。

7. 穿蓝色睡衣的不是罗宾，也不是里伊。

8. 有一个小孩穿着黄色睡衣。

9. 有一个小孩得到了果冻。

44. 足球评论员【高级】

作为今年欧洲青年足球锦标赛报道的一部分，阿尔比恩电视台专门从节目《两个半场比赛》的足球评论员中抽调了4位，这些评论员将分别陪同4支英国球队，现场讲解球队的首场比赛。请你从以下所给的线索中，推断出是什么资历使他们成为足球评论员的，他们所陪同的球队是哪支，以及各球队分别要去哪个国家。

1. 杰克爵士将随北爱尔兰队去国外。

2. 默西塞德郡联合队曾经的经营者将去比利时。

3. 伴随英格兰队的评论员现在在挪威，他不是阿里·贝尔。

4. 曾是谢母司队守门员的足球评论员现在在威尔士队；而作为前足球记者的评论员虽然从来没有踢过球，但对足球了如指掌，他伴随的不是苏格兰队。

5. 佩里·奎恩将随一支英国球队去俄罗斯，参加和俄罗斯青年队的比赛，不过他从来没进过球。

	前守门员	前经营者	前足球先锋	前足球记者	英格兰队	北爱尔兰队	苏格兰队	威尔士队	比利时	匈牙利	挪威	俄罗斯
阿里·贝尔												
多·恩蒙												
杰克爵士												
佩里·奎恩												
比利时												
匈牙利												
挪威												
俄罗斯												
英格兰队												
北爱尔兰队												
苏格兰队												
威尔士队												

姓名	资历	英国球队	会场

答　案

1.

B。

2.

A。只有 A 具有左右对称性，其余 3 个字母都不具有这种对称性。

3.

10 和 16。

4.

1 号。

5.

金盒子上的话和铜盒子上的话是矛盾的，所以两句话必有一真。又三句话中至多只有一句是真话，所以银盒子上的是假话。因此，画像在银盒中。

6.

B 图的符号和其他符号不一样，因为它是浅灰色的，而其他是深灰色的。A 图的符号和其他的不一样，因为它是 1，而其他是 2。C 图的符号也不一样，因为它是正方形而其他符号是圆形。因此，D 图的符号才是真正不一样的，因为它没有"不一样"的地方。

7.

C。

8.

E。其他的图形都是中心对称图形。换句话说，如果它们旋转 180°，将会出现一个完全相同的图形。

9.

基德拜夫妇有两个孩子（线索 4），因此不只有一个孩子的希金夫妇（线索 3）一定有三个孩子，并且他们去了澳大利亚（线索 1）。通过排除法，去新西兰的布里格夫妇只有一个孩子；排除法又可以得出基德拜夫妇去了加拿大。希金夫妇不是开旅馆（线索1）或鱼片店（线索3），因此他们经营的一定是农场。鱼片店不是由布里格夫妇经营的（线索2），那么一定是基德拜夫妇经营的，布里格夫妇所做的生意是开旅馆。

答案：

布里格夫妇，一个，新西兰，旅馆。

希金夫妇，三个，澳大利亚，农场。

基德拜夫妇，两个，加拿大，鱼片店。

10.

只需要打开最下面的链子。上面的两根链子并没有连接在一起。

11.

D。在其他各项中，将直线两端的横木数量相乘，都得到偶数值，只有D项得到奇数值。

12.

D。

13.

甲可以正确地推导出自己头上所戴帽子的颜色。

14.

A。

15.

E 不是。

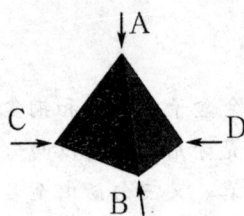

16.

第三个。

17.

B。

18.

　　莎的姓是卡索（线索2），蒂米穿红色的泳衣（线索1），因此，穿橙色泳衣姓响的小男孩肯定是詹姆士。通过排除法，莎的泳衣一定是绿色的，她的母亲是曼迪（线索3）。同样再次通过排除法，蒂米的姓是桑德斯，他的母亲不是丹尼斯（线索1），那么肯定是莎利，最后剩下丹尼斯是詹姆士的母亲。

　　答案：

　　丹尼斯·响，詹姆士，橙色。

　　曼迪·卡索，莎，绿色。

　　莎利·桑德斯，蒂米，红色。

19.

　　科拉·迪在药店工作（线索4），而艾米·贝尔不在面包店工作（线索1），所以她肯定在零售店工作，而埃德娜·福克斯则在面包店工作。艾米·贝尔在半岛商店工作（线索1），斯蒂德商店店员穿蓝色工作服（线索2），因此，穿黄色工作服的埃德娜，肯定在梅森商店工作。通过排除法，艾米的工作服肯定是粉红色的，而在斯蒂德商店工作的一定是科拉，她穿蓝色的工作服。

　　答案：

　　艾米·贝尔，半岛商店，零售店，粉红色。

　　科拉·迪，斯蒂德商店，药店，蓝色。

　　埃德娜·福克斯，梅森商店，面包店，黄色。

20.

　　杰克获得了第三名（线索2），因此他的母亲不可能是丹妮尔（线索1），而梅勒妮是尼古拉的母亲（线索4），那么杰克只能是谢莉的儿子，剩下埃莉诺是丹妮尔的女儿，埃莉诺的服装像个蘑菇（线索3）。尼古拉不是第二名（线索4），我们知道他也不是第三名，因此他肯定是第一名，剩下埃莉诺是第二名。从线索1中知道，排名第三的杰克穿成垃圾桶装束，剩下第一名的尼古拉则穿成机器人的样子。

答案：

丹妮尔，埃莉诺，蘑菇，第二名。

梅勒妮，尼古拉，机器人，第一名。

谢莉，杰克，垃圾桶，第三名。

21.

6岁的格雷琴不可能是4号（线索1），而3号今年7岁（线索4），1号是个男孩（线索3），因此，通过排除法，格雷琴肯定是2号。现在从线索1中知道，3号是7岁的牧羊者的孩子。玛丽亚的父亲是药剂师（线索5），不可能是1号（线索3），那么只能是4号，从线索5中知道，她今年5岁，剩下1号男孩8岁。所以1号不是汉斯（线索2），则一定是约翰纳，剩下汉斯是7岁的牧羊者。从线索3中知道，格雷琴的父亲不是屠夫，那么只能是伐木工，最后知道约翰纳是屠夫的儿子。

答案：

1号，约翰纳，8岁，屠夫。

2号，格雷琴，6岁，伐木工。

3号，汉斯，7岁，牧羊者。

4号，玛丽亚，5岁，药剂师。

22.

位置3的山是第三高峰（线索5），线索2排除了格美特是位置4的山峰，格美特被称为庄稼之神，而山峰1是森林之神（线索3）。山峰2是飞弗特尔（线索4），通过排除法，格美特是位置3的高峰。通过线索2知道，第四高峰肯定是位置1的山峰。辛格凯特不是位置4的山峰（线索6），通过排除法，它一定是山峰1，剩下山峰4是普立特佩尔。它不是第二高峰（线索4），那么它肯定是最高的。因此它就是被人们当作火神来崇拜的那座（线索1）。最后通过排除法，飞弗特尔是第二高峰，而它是人们心中的河神。

答案：

山峰1，辛格凯特，第四，森林之神。

山峰2，飞弗特尔，第二，河神。

山峰3，格美特，第三，庄稼之神。

山峰4，普立特佩尔，最高，火神。

23.

哈里滚球了（线索3），而史蒂夫不是lbw（线索2），那么他一定是犯规的，剩下克里斯是lbw。得了7分的不是哈里（线索3），也非史蒂夫（线索1），那么一定是克里斯。史蒂夫得分不是2分（线索2），那么一定是4分，而哈里是2分。史蒂夫不是3号（线索4），也非1号（线索2），那他一定是2号。哈里不是1号（线索3），则肯定是3号，剩下1号就是克里斯。

答案：

1号，克里斯，lbw，7分。

2号，史蒂夫，犯规，4分。

3号，哈里，滚球，2分。

24.

1910年出生的舅舅的爱好不是制作挂毯（线索1），他也不是工程师，因为工程师的爱好是钓鱼（线索3），那么他肯定爱好诗歌。而他退休之前不是教师（线索2），那么只能是士兵，剩下前教师的爱好是制作挂毯。从线索1中知道，1916年不是伯纳德出生的年份，而线索3也排除了安布罗斯，那么1916年出生的只能是克莱门特。前教师出生的年份不是1913年（线索2），那么他一定是1916年出生的克莱门特，剩下前工程师是1913年出生的。从线索3中知道，安布罗斯是1910年出生的，他退休前是士兵，剩下前工程师就是伯纳德。

答案：

安布罗斯，1910年，士兵，诗歌。

伯纳德，1913年，工程师，钓鱼。

克莱门特，1916年，教师，制作挂毯。

25.

蓝色的盒子里有58个东西（线索2），绿色盒子有螺丝钉（线索3），43个钉子不在

灰色的盒子里（线索1），那么
一定在红色的盒子。我们知道
绿盒子里的东西不是43或58
个，而线索3也排除了65个，
那么在绿盒子里一定是39个
螺丝钉。通过排除法，灰色盒
子的东西肯定是65个，它们
不是洗涤器（线索3），那么一
定是地毯缝针，灰色盒子就是
C盒（线索4），剩下蓝色的盒
子有58个洗涤器。绿盒子不是
D盒（线索3），因它有2个相
邻的盒子，那么知道它就是B
盒，而有洗涤器的盒子就是A
盒（线索3），剩下红色的盒子
就是D盒。

答案：

A盒，蓝色，58个洗涤器。

B盒，绿色，39个螺丝钉。

C盒，灰色，65个地毯
缝针。

D盒，红色，43个钉子。

26.

B机器是穿红白相间的浴
袍的女士用的（线索5），线索
4排除了D是尤菲米娅·坡斯
拜尔用的，因为兰顿斯罗朴小

姐用了机器C（线索2），尤菲
米娅的机器可能是A或者B。
而拉福尼亚的是B或者C（线
索4），因此她也不用机器D。
我们知道兰顿斯罗朴用了机器
C，那么贝莎不可能是机器D
（线索1）。因此，通过排除法，
维多利亚肯定用了机器D。所
以她的姓不可能是马歇班克斯
（线索1），我们知道她的姓也
不是坡斯拜尔或者兰顿斯罗朴，
那么一定是卡斯太尔，而她的
浴袍肯定是绿白相间的（线索
3）。因此尤菲米娅不可能用了
机器B（线索4），那么一定是
在A上，剩下机器B是马歇班
克斯用的。因此，从线索1中
可以知道，贝莎就是兰顿斯罗
朴小姐，她用了机器C，装束
是黄白相间的，通过排除法，
尤菲米娅·坡斯拜尔是穿了蓝
白相间浴袍的人。

答案：

机器A，尤菲米娅·坡斯
拜尔，蓝白相间。

机器B，拉福尼亚·马歇
班克斯，红白相间。

机器C，贝莎·兰顿斯罗

朴，黄白相间。

机器 D，维多利亚·卡斯太尔，绿白相间。

27.

已知星期五拜访的女性不是帕特丝·欧文（线索 1）或小说家阿比·布鲁克（线索 3），那么拜访的是利亚·凯尔，并且可以知道她是个流行歌手（线索 2）；通过排除法，帕特丝·欧文是个电影演员，她被拜访的时间不是星期天（线索 4），而是星期六，剩下小说家阿比·布鲁克是在星期天被采访的。根据线索 1，星期五拜访的利亚·凯尔来自加拿大，根据线索 3，星期六的被访者帕特丝·欧文来自澳大利亚，最后排除法得出，星期天的被访者小说家阿比·布鲁克来自美国。

答案：

星期五，利亚·凯尔，流行歌手，加拿大。

星期六，帕特丝·欧文，电影演员，澳大利亚。

星期天，阿比·布鲁克，

小说家，美国。

28.

因为沃德拜别墅在 4 号位置（线索 2），那么在 1 号位置筑巢的不是养了 7 只小鸭子的戴西（线索 1），也不是迪力（线索 3），线索 4 排除了多勒，通过排除法得出是达芙妮。然后根据线索 5，5 只小鸭子在 2 号别墅的花园里。我们知道拥有小鸭子数最多的不是戴西、多勒（线索 4）或迪力（线索 3），而是达芙妮，她拥有 8 只小鸭子。1 号位置小鸭子的数量比 2 号位置上的多 3 只，线索 3 排除了迪力在 2 号花园里的可能，已知多勒有 5 只小鸭子，剩下迪力有 6 只小鸭子。这样根据线索 3，罗斯别墅是戴西和她的 7 只小鸭子的家。我们知道它们不在 1 号、2 号或 4 号位置，那么一定在 3 号位置，根据排除法和线索 3，迪力在 4 号沃德拜别墅的花园里抚养它的 6 只小鸭子。线索 1 现在告诉我们洁丝敏别墅在 2 号位置，剩下 1 号是来乐克别墅。

答案：

1号，来乐克别墅，达芙妮，8只。

2号，洁丝敏别墅，多勒，5只。

3号，罗斯别墅，戴西，7只。

4号，沃德拜别墅，迪力，6只。

29.

由于凯瑞的运动项目不是100米或400米（线索1），她也不是在跳远比赛中获胜的1号女孩（线索1和4），因此通过排除法，她一定破了标枪比赛的纪录。1号位置上的不是跑步运动员，所以凯瑞不是2号女孩（线索1），同一个线索排除了她是1号或4号的可能，所以她在3号位置。400米冠军哈蒂不叫瓦内萨（线索5），我们知道她不叫凯瑞。赫尔的名字是戴尔芬（线索2），那么哈蒂就是洛伊斯。她不在2号位置（线索3），而她的运动项目排除了1号和3号位置，因此她一定在照片中的4号位置。1号女孩不是戴尔芬·赫

尔（线索2），而是瓦内萨，戴尔芬是2号女孩，排除法得出戴尔芬的运动项目是100米。最后根据线索4，瓦内萨不姓福特，而姓斯琼，剩下凯瑞是福特小姐。

答案：

1号，瓦内萨·斯琼，跳远。

2号，戴尔芬·赫尔，100米。

3号，凯瑞·福特，标枪。

4号，洛伊斯·哈蒂，400米。

30.

埃格要去拜访岳母（线索2），穿着绵羊皮外套的男人打算修他的小圆舟（线索5），并且穿着小牛皮上衣的奥格不打算粉刷他的窑洞墙壁（线索4），因此他一定是去钓鱼。由于穿着绵羊皮外套的男人不是阿格（线索5），我们知道他也不是埃格或奥格，那么他是艾格。通过排除法，剩下阿格是准备粉刷窑洞墙壁的男人。穿着绵羊皮外套的艾格不在1号位置（线索1），也不在3号位置，因为3号穿着山羊皮上衣（线索3），而线索1和3排除

了他在 4 号位置的可能，那么他一定在 2 号位置，1 号穿着狼皮上衣（线索 1），剩下穿着小牛皮上衣的奥格在 4 号位置。线索 5 说明阿格在 1 号位置，他穿着狼皮上衣，通过排除法，在 3 号位置上穿着山羊皮上衣的人是埃格，就是那个打算拜访岳母的人。

答案：

1 号，阿格，粉刷窑洞墙壁，狼皮。

2 号，艾格，修小圆舟，绵羊皮。

3 号，埃格，拜访岳母，山羊皮。

4 号，奥格，钓鱼，小牛皮。

31.

由于 2 号警官的肩膀麻木（线索 1），线索 4 说明斯图尔特·杜琼不是 4 号警官。线索 2 也排除了卡弗在 4 号位置的可能，并且线索 3 排除了布特，因此通过排除法，4 号警官一定是艾尔莫特。这样根据线索 3，格瑞在 2 号位置，并且遭受肩膀麻木的痛苦。1 号警官不是鼻子发痒的内卫尔（线索 2），也不是亚瑟（线索 3），而是斯图尔特·杜琼。这样根据线索 4，3 号警官受鸡眼折磨。我们知道他不是格瑞、内卫尔或斯图尔特，那么必定是亚瑟，剩下 4 号警官是鼻子发痒的内卫尔·艾尔莫特。通过排除法，斯图尔特·杜琼一定受肿胀的脚的折磨。亚瑟就是卡弗（线索 2），剩下格瑞就是布特。

答案：

1 号，斯图尔特·杜琼，肿胀的脚。

2 号，格瑞·布特，肩膀麻木。

3 号，亚瑟·卡弗，鸡眼。

4 号，内卫尔·艾尔莫特，发痒的鼻子。

32.

"红母鸡"在 1649 年被宣判（线索 4），在 1648 年被认为是女巫的不是"蓝鼻子母亲"（线索 3），因此她一定是"诺格斯奶奶"，并且真名是艾丽丝·诺格斯（线索 1）。通过排除法，"蓝鼻子母亲"在1647年被宣判为女巫，而她来自盖蒙罕姆（线索2）。那么伊迪丝·鲁乔不是在1648年被宣判（线索4），而是在1649年，她的绰号是"红母鸡"。可以得出艾丽丝·诺格斯住在希尔塞德（线索4）。克莱拉·皮奇不是来自里球格特乡村（线索3），所以必定来自盖蒙罕姆，并且她是在1647年被宣判的"蓝鼻子母亲"；排除法得出伊迪丝·鲁乔住在里球格特。

答案：

克莱拉·皮奇，"蓝鼻子母亲"，盖蒙罕姆，1647年。

艾丽丝·诺格斯，"诺格斯奶奶"，希尔塞德，1648年。

伊迪丝·鲁乔，"红母鸡"，里球格特，1649年。

33.

根据线索2，V一定在C1，C2，D1或D2中的一个格子内。因为它不是重复的，所以不可能在C2（线索5），而那个线索也排除了包含有一个元音的D2。D3内是个A（线索4），

那么线索2排除了V在D1内，排除法得出它在C1内。这样根据线索2，A1内有个R，而C3内是C。线索1和4排除了在D2内的元音（线索5）是A，也不是O（线索7），因此只能是I。根据线索6，G在C排，但G只有一个，不在C2内（线索5），只能在C4内。这样B4内的元音（线索5）不是O（线索7），而是另一个A。线索7排除了O在A或D排的可能，而已经找到位置的字母除掉了B1，B3或C2，以及B4，C1，C3和C4，只剩下B2包含O，而一个T在C2内（线索7）。这样根据线索5，第二个T在A4内。根据线索7，Y在A3内。我们还需找到两个R的位置，但都不在D4内（线索4），线索1也排

R	A	Y	T
L	O	R	A
V	T	C	G
R	I	A	F

除了 B1 和 A2，只剩下 B3 和 D1。L 不是在 D4 内，也不是在 A2 内（线索 3），因此此在 B1 内。线索 1 排除了剩下的 A 在 D4 的可能，得出 F 在 D4，而 A 在 A2。

34.

詹妮的孩子在 3 号位置上（线索 3）。4 号位置上的卡纳（线索 2）不是 D 位置上的雷切尔的儿子（线索 4 和 5），丹尼尔是莎拉的儿子（线索 4），这样通过排除法，卡纳的母亲是汉纳。然后根据线索 1，爱德华是詹妮的孩子，他在 3 号位置，雷切尔的儿子是马库斯。我们知道汉纳不在 D 位置上，也不在 C 位置（线索 1）或 B 位置（线索 2），因此她一定在 A 位置。詹妮不在 C 位置（线索 5），而是在 B 位置，剩下 C 位置上的是莎拉。丹尼尔不在 2 号位置（线索 4），那他一定在 1 号，剩下马库斯在 2 号位置，这由线索 4 证实。

答案：

A 位置，汉纳；4 位置，卡纳。

B 位置，詹妮；3 位置，爱德华。

C 位置，莎拉；1 位置，丹尼尔。

D 位置，雷切尔；2 位置，马库斯。

35.

宝贝 1，海蒂，是乔治亚的孩子。

宝贝 2，伊莎贝尔，是詹妮的孩子。

宝贝 3，戴西，是爱瑞的孩子。

宝贝 4，达娜，是艾莉森的孩子。

36.

弹吉他的不是 1 号（线索 1），1 号也不是变戏法者（线索 3），也非街边艺术家（线索 4），因此 1 号肯定是手风琴师，他不是泰萨，也不是莎拉·帕吉（线索 2），而内森是 2 号（线索 5），因此 1 号只能是哈利。因内森不弹吉他（线索 5），线索 1 可以提示吉他手就是 4 号。4 号不是莎拉·帕吉（线索 2），而莎拉·帕吉不是 1 号和 2 号，因此只能是 3 号。因此，她不是变戏法者（线索 3），通过排除法，她肯定是街边艺术家，剩下变戏法者就是 2 号内森。从线索 4 中知道，他的姓一定是西帕罗，而 4 号位置肯定是泰萨。从线索 2 中知道，克罗葳不是泰萨的姓，则一定是哈利的姓，而泰萨的姓只能是罗宾斯。

答案：

1 号，哈利·克罗葳，手风琴师。

2 号，内森·西帕罗，变戏法者。

3 号，莎拉·帕吉，街边艺术家。

4 号，泰萨·罗宾斯，吉他手。

37.

某位女性的生日是 8 月 4 日（线索 2），她不是内奥米（线索 4）或者波利。巴兹尔的生日是个偶数日（线索 7），安妮的生日是 8 月 2 日（线索 5），因此，通过排除法，8 月 4 日一定是威尔玛的生日。我们知道巴兹尔的生日不是 2 号或者 4 号，通过线索 7 知道，她的生日一定是 7 月 28 日或者 7 月 30 日，因此波利的生日是 7 月 29 日或者 31 日。斯图尔特·沃特斯的生日在 8 月份（线索 7），但是克雷布的生日是 8 月 1 日（线索 6），我们知道斯图尔特不是 2 号或者 4 号，那么一定是 3 号。出生在 7 月 28 日的不是查尔斯（线索 1）、安格斯（线索 3）、内奥米（线索 4）或者波利（线索 7），也不是安妮、斯图尔特和威尔玛，那么一定是巴兹尔。这样，从线索 7 中知道，波利的生日是 7 月 29 日。安格斯不是 7 月 31 日出生的（线索 3），内奥米也不是，因为她的生日是在斯盖尔斯之前的（线索 4），通过排除法，7 月 31 日一定是查尔斯的生日。这样，从线索 1 中知道，巴兹尔姓菲什。因为阿彻是男的（线索 4），那么线索 4 也排除了内奥米的生日是 7 月 30 日的可能，那么一定是 8 月

1日，剩下7月30日是安格斯的生日。线索4现在可以告诉我们，安妮姓斯盖尔斯，查尔斯姓阿彻。从线索3中知道，布尔的名字是波利，出生在7月29日。安格斯不是拉姆（线索6），那么一定姓基德，剩下拉姆是威尔玛的姓。

答案：

7月28日，巴兹尔·菲什。

7月29日，波利·布尔。

7月30日，安格斯·基德。

7月31日，查尔斯·阿彻。

8月1日，内奥米·克雷布。

8月2日，安妮·斯盖尔斯。

8月3日，斯图尔特·沃特斯。

8月4日，威尔玛·拉姆。

38.

1号黑猩猩不是罗莫娜（线索1）、里欧或格洛里亚（线索2），也不是贝拉（线索3），那它一定是珀西。5号黑猩猩的母亲不是格雷特（线索1）、克拉雷（线索2）、爱瑞克（线索3）或马琳（线索4），而是丽贝卡。由此得出4号黑猩

猩的母亲是马琳（线索4）。1号黑猩猩珀西的母亲不是格雷特（线索1）或克拉雷（线索2），那一定是爱瑞克。珀西和格雷特的后代都不是在11月出生（线索1），克拉雷（线索2）或丽贝卡（线索4）的后代也不是，因此在11月生产的是马琳。现在可以知道在10月生产的丽贝卡（线索4）是5号黑猩猩的母亲。根据线索3，贝拉是2号黑猩猩。5号黑猩猩不是罗莫娜（线索1）或里欧（线索2），而是格洛里亚。里欧是4号黑猩猩（线索2），排除法得出罗莫娜是3号。根据线索2，3号罗莫娜是克拉雷的后代，排除法可以知道格雷特是贝拉的母亲。在7月出生的黑猩猩不是罗莫娜（线索1）或贝拉（线索3），那一定是珀西。贝拉在8月出生（线索3），最后通过排除法得出罗莫娜在9月出生。

答案：

1号，珀西，7月，爱瑞克。

2号，贝拉，8月，格雷特。

3号，罗莫娜，9月，克拉雷。

4号，里欧，11月，马琳。

5号，格洛里亚，10月，丽贝卡。

39.

皇后不可能是1、4、7、8或9号牌（线索2）。因为中央的牌是红桃10（线索5），这又排除了皇后是2、5和6号牌的可能性，所以皇后是3号牌。因此，2号牌是7，6号牌是梅花（线索2）。再根据线索6，梅花5一定是1号牌。8紧靠在黑桃的下面（线索3），这排除了8是4或9号牌的可能性，因为已知3和5号牌是红桃，这又排除了8是6或8号牌的可能性。又已知8不可能是5号牌，所以8是7号牌；4号牌是张黑桃。9号牌是张方块（线索7），所以杰克不可能是8号牌，也不可能是6和9号牌（线索4），因此杰克是4号牌的黑桃，5号牌是红桃10（线索4），线索8揭示9号牌是的方块4，因此8号牌是国王。根据线索9，国王不可能是梅花，所以是黑桃（线索8）。同样根据线索8，3号牌是方块皇后。现在我们知道，线索1中，出现3次的牌的花色不可能是方块和黑桃，因为所有的牌是已知的。2号牌和7号牌有相同的花色（线索9），但是我们已知1号牌和6号牌是梅花，而这里不可能有相同花色的4张牌（线索1），所以2号牌和7号牌是红桃，红桃就是有相同花色的3张牌的花色。最后得出6号牌是梅花3。

答案：

1号牌，梅花5。

2号牌，红桃7。

3号牌，方块皇后。

4号牌，黑桃杰克。

5号牌，红桃10。

6号牌，梅花3。

7号牌，红桃8。

8号牌，黑桃国王。

9号牌，方块4。

40.

要解决这个问题，你必须经过除了左上角的9个方格之外的方格，但是仍然不易解决。你要通过四步使"皇后"经过左上角的全部9个方格。在下次俱乐部会战时，你可以按照下图所示的步骤一展身手。

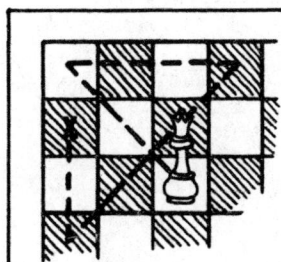

41.

布鲁斯的乐队叫倾斜，他们正在录《黑匣子》，这是一首前卫摇滚风格的歌。

雷尔的乐队叫空旷的礼拜，在录制《毁灭世界》，这是一首歌德摇滚风格的歌。

莱泽的乐队叫内克，在录制《突然》，歌曲的曲风是独立摇滚。

梅根的乐队叫贝拉松，正在录制《帆布悲剧》，这是一首情绪摇滚风格的歌。

史蒂夫的乐队叫红色莱姆，

在录制《朱丽叶》，这是一首另类摇滚的歌。

42.

亚当去了伊顿大学，他被叫作海雀，他不能正确起飞。

詹姆士去了温切斯特大学，他被叫作水塘，他不能正确降落。

贾斯汀去了西鲁斯伯里，他被叫作没脑子，他总是瞄不准。

雷奥纳多去了拉格比大学，他被叫作烤面包，他不能通过演习。

塞巴斯蒂安去了海洛大学，他被叫作生姜，他不会驾驶。

43.

艾丽斯得了腮腺炎，她拿到了一个冰激凌作为安慰，她穿着蓝色睡衣。

贝利叶得了扁桃体炎，有一个朋友来看望他，他穿着绿色睡衣。

弗兰克得了水痘，他得到了一个果冻，他穿着橘色睡衣。

里伊得了猩红热，她得到

了一本书，她穿着红色睡衣。

罗宾得了麻疹，他得到了一个玩具，他穿着黄色睡衣。

44.

阿里·贝尔，前守门员，威尔士队，匈牙利。

多·恩蒙，前足球记者，英格兰队，挪威。

杰克爵士，前经营者，北爱尔兰队，比利时。

佩里·奎恩，前足球先锋，苏格兰队，俄罗斯。

第二章
递推法

　　由已知条件层层分析得出结论的过程，要确保每一步都准确无误。在这个过程中，可能会有几个分支，应该本着先易后难的原则，先从简单的入手，逐个分析，直到考虑到所有的情况，找到符合题目要求的答案。这时候就要用到递推法。

　　递推法是利用问题本身具有的一种递推关系来求解的方法，也就是从上到下，一步步地推理。这种方法，不但有益于解决学习和工作中的问题，对于提高逻辑思维能力也大有裨益。

1. 图形组合【初级】

　　仔细观察右边 4 幅图形，依据图形规律，从 A–D 中选出适合的第五幅图形。

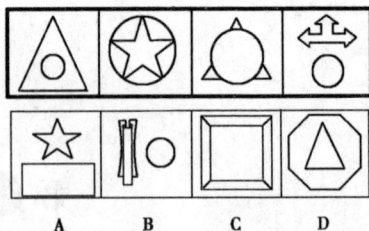

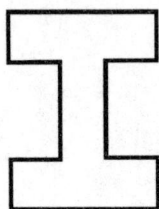

2. 图形四等分【初级】

　　将左图分为大小和形状均相同的四等份。

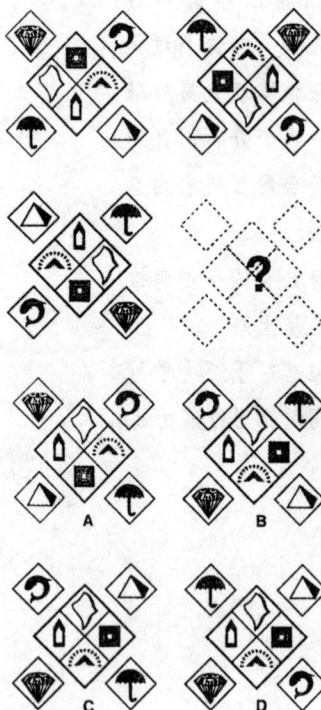

3. 哪个不相关【初级】

　　下面哪个图与其他的图不相关？

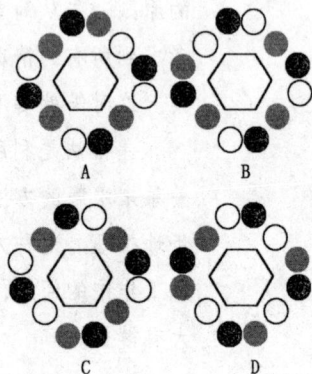

4. 图形识别【初级】

　　依据左图的图形变化规律找出第四幅图。

5. 填数字【初级】

根据规律，填数字完成右侧谜题。

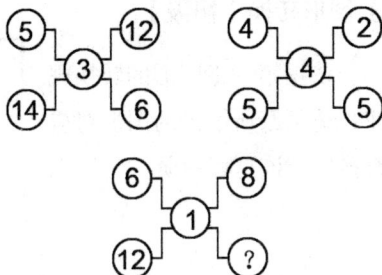

6. 黑色还是白色【初级】

依照左图的逻辑，说说 Z 应该是黑色还是白色。

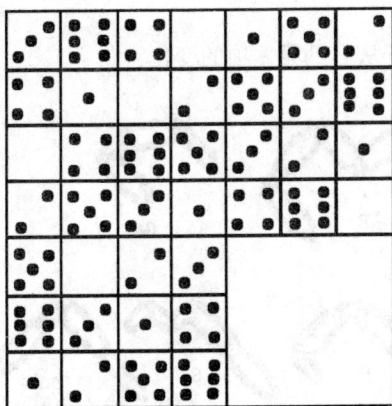

7. 黑点方格【初级】

空缺处应该放入 A ~ F 项中的哪一项？

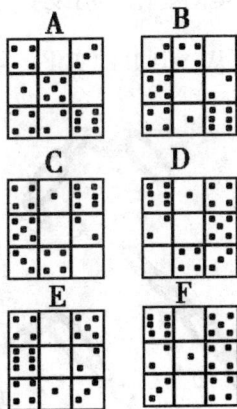

8. 图形转换【初级】

依据第一组图形的转换规律，请判断所给出的图形对应转换后应该是哪一项。

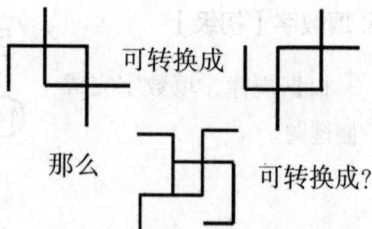

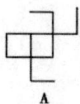

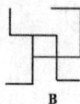

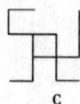

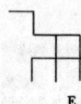

可转换成

那么

可转换成?

A   B   C   D   E

9. 缺少的时针【初级】

表盘中缺少的时针应指向哪儿？

10. 类同变化【初级】

从 A 到 B 的变化，类同于从 C 到哪一项的变化？

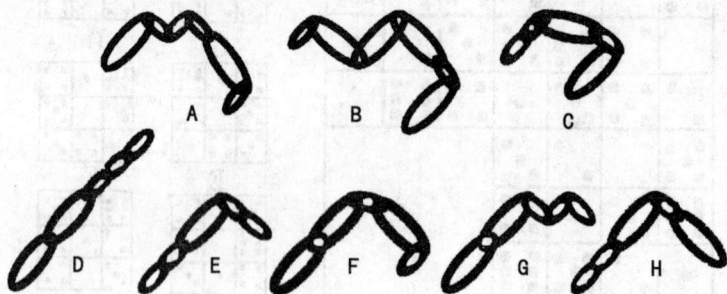

A   B   C

D   E   F   G   H

11. 回忆填图【初级】

仔细观察右图上面的第一组图，然后将图遮住，从A、B、C、D中选出第二组图中缺失的图形。

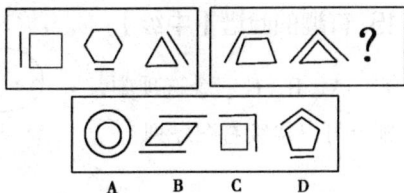

12. 补充图案【初级】

仔细观察左面的图形，选择合适的答案将空白补上。

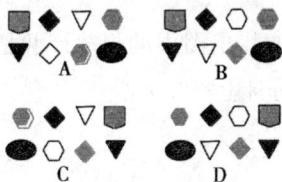

13. 规律推图【初级】

仔细观察右面4幅图形，从A、B、C、D选项中选出规律相同的第五幅图形。

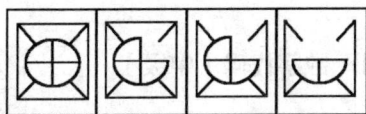

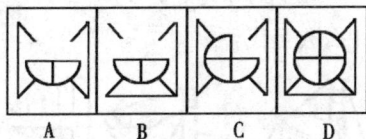

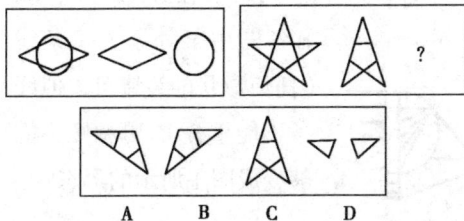

14. 图形选择【初级】

观察左图中的第一组图形，依据规律选出第二组图形中缺少的图形。

49

15. 有趣的脸谱【中级】

A、B、C 三个选项中，哪个可以接续右图序列？

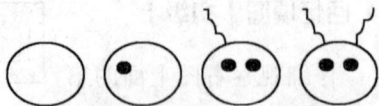

16. 查缺补漏【中级】

你能找出图中的规律，并把缺掉的部分补上吗？

17. 数字代码【中级】

题目中的问号可以用什么数字代替？

7628	5126	3020
9387	6243	1088
8553	2254	?

图1

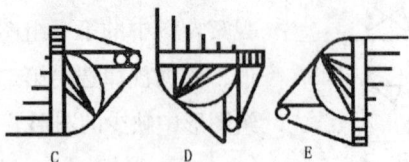

18. 添上一条线【中级】

如果在 A、B、C、D、E 各图中某处添上一条线（任何形状的线皆可，但线条不能重叠），哪幅图案能够变成图 1 所示的形态？

19. 推测符号【中级】

如图所示，将○、△、× 符号填入 25 个空格中，每格一个。问号处应该是什么符号？

○	×	△	○	○
△	×	△	×	×
×	○	○	△	△
○	△	×	○	○
?	×	○	△	×

20. 中国盒【中级】

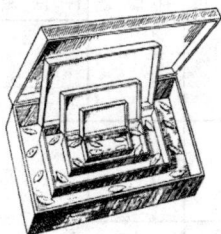

用 4 个盒子一盒套一盒做成 1 个中国盒。里面的 3 个盒子里各放 4 块糖，外面的大盒子里放 9 块糖。把这个盒子作为生日礼物送给你的朋友，并且告诉他（她）必须使每个盒子里的糖果变成偶数对再加 1 颗，然后才可以吃糖。你知道怎么放吗？

21. 数字巧妙推【中级】

充分发挥你的想象力，推算出下一行的数字是什么。

1
11
21
121
111221
312211
13112221
1113213211

22. 数字矩阵【中级】

观察下边这个矩阵。你能填上未给出的数字吗？

1	1	1	1
1	3	5	7
1	5	13	25
1	7	25	?

23. 补充表格【中级】

仔细看表格，然后说出表格中的问号该填什么数。

2	9	6	24
6	7	5	47
5	6	3	33
3	7	5	?

24. 跳棋【中级】

跳棋协会这个星期举办了一场激动人心的跳棋比赛。从给出的线索中，你能说出 3 个让人有所期待的选手名字、俱乐部及他们最后的排名吗？

1. 跳棋选手泰勒代表红狮队。

2. 在史蒂夫胜出比赛后，紧接着是沃尔顿胜出。

3. 在第三场比赛中胜出的选手姓汉克。

4. 比尔比来自五铃队的选手早胜出比赛。

	汉克	泰勒	沃尔顿	五铃队	红狮队	船星队	第一名	第二名	第三名
比尔									
玛丽									
史蒂夫									
第一名									
第二名									
第三名									
五铃队									
红狮队									
船星队									

25. ABC（1）【中级】

按要求填表格。要求每行每列均包含字母 A、B、C 和两个空格。表格外的字母表示箭头所指方向的第一或者第二个出现的字母，如 B1 代表箭头所指方向出现的第一个字母为 B。你能按要求完成吗？

26. 战舰（1）【中级】

这道题是按照一个古老的战舰游戏设计的，你的任务是找出表格中的船。方格中已填入了几个代表海或某种船的局部的图案，而紧靠行和列边上的数字表示这行或这列被占的方格总数。船和船之间可以水平或垂直停靠，但是任意两艘船或船的某个部分都不可以在水平、垂直和对角方向上相邻或重叠。

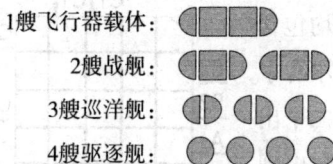

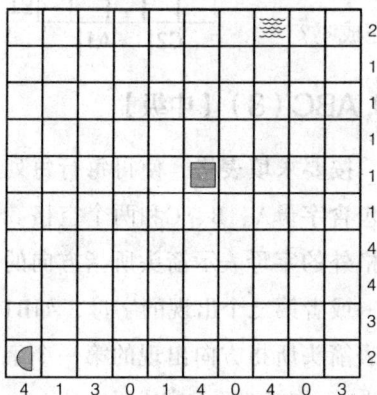

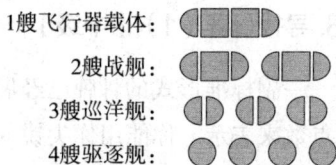

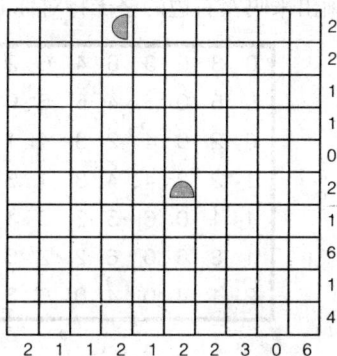

1艘飞行器载体：

2艘战舰：

3艘巡洋舰：

4艘驱逐舰：

2 2 1 1 0 2 1 6 1 4

2 1 1 2 1 2 2 3 0 6

27. 战舰（2）【中级】

这道题是按照一个古老的战舰游戏设计的，你的任务是找出表格中的船。方格中已填入了几个代表海或某种船的局部的图案，而紧靠行和列边上的数字表示这行或这列被占的方格总数。船和船之间可以水平或垂直停靠，但是任意两艘船或船的某个部分都不可以在水平、垂直和对角方向上相邻或重叠。

1艘飞行器载体：

2艘战舰：

3艘巡洋舰：

4艘驱逐舰：

2 1 1 1 1 4 4 3 2

4 1 3 0 1 4 0 4 0 3

28. 寻找骨牌（1）【中级】

一副标准形式的骨牌已经展开，为了清楚起见，它使用数字而非点数来表示。你能用你尖锐的笔尖和灵活的脑瓜，把每个骨牌都画出来吗？右边的格子将对你非常有帮助。

0	3	0	3	6	4	6	2
5	5	0	5	4	5	5	0
6	2	0	4	2	3	4	1
1	2	2	4	4	3	1	3
1	1	0	6	5	3	5	1
1	3	6	6	6	2	2	5
2	1	4	0	4	0	6	5

29. ABC（2）【中级】

按要求填表格，使得每行每列均包含字母 A、B、C 和两个空格。表格外的字母表示箭头所指方向的第一或者第二个出现的字母，如 B1 代表箭头所指方向出现的第一个字母为 B。你能按要求完成吗？

30. ABC（3）【中级】

按要求填表格，使得每行每列均包含字母 A、B、C 和两个空格。表格外的字母表示箭头所指方向的第一或者第二个出现的字母，如 B1 代表箭头所指方向出现的第一个字母为 B。你能按要求完成吗？

1艘飞行器载体：

2艘战舰：

3艘巡洋舰：

4艘驱逐舰：

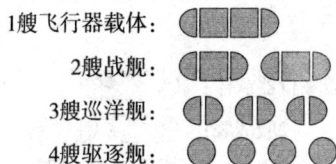

31. 战舰（3）【中级】

这道题是按照一个古老的战舰游戏设计的，你的任务是找出表格中的船。方格中已填入了几个代表海或某种船的局部的图案，而紧靠行和列边上的数字表示这行或这列被占的方格总数。船和船之间可以水平或垂直停靠，但是任意两艘船或船的某个部分都不可以在水平、垂直和对角方向上相邻或重叠。

32. 寻找骨牌（2）【中级】

一副标准的骨牌已经摆出，为了表达清楚，它使用数字而非点数来表示。你能运用锋利的笔和敏锐的头脑，标出每张骨牌的位置吗？每找到一张牌就把它去掉，你会发现右边的表格对你很有帮助。

```
1 3 4 0 2 3 0 0
6 5 5 1 2 3 4 6
4 4 4 2 2 5 5 6
3 1 0 0 3 0 5 6
6 1 1 2 2 5 3 3
1 5 6 0 2 5 6 1
4 0 4 6 2 4 1 3
```

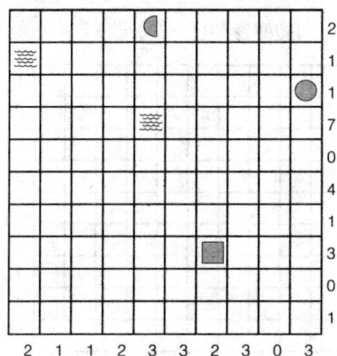

33. 战舰（4）【中级】

这道题是按照一个古老的战舰游戏设计的，你的任务是找出表格中的船。方格中已填入了几个代表海或某种船的局部的图案，而紧靠行和列边上的数字表示这行或这列被占的方格总数。船和船之间可以水平或垂直停靠，但是任意两艘船或船的某个部分都不可以在水平、垂直和对角方向上相邻或重叠。

1艘飞行器载体：
2艘战舰：
3艘巡洋舰：
4艘驱逐舰：

行：1 2 5 3 1 0 1 4 0 3
列：2 2 5 0 2 2 2 1 3 1

34. 寻找骨牌（3）【中级】

一副标准形式的骨牌已经展开，为了清楚起见，它使用数字而非点数来表示。你能用你尖锐的笔尖和灵活的脑瓜，把每个骨牌都找出来吗？你会发现右边的格子对你非常有帮助。

```
2 5 1 1 1 2 0 6
5 0 6 6 5 3 4 4
2 3 4 5 2 5 4 2
1 1 6 5 2 5 0 4
0 0 4 3 3 6 2 0
3 6 3 6 4 2 1 6
4 1 0 0 0 1 4 3
```

56

35. 战舰（5）【中级】

这道题是按照一个古老的战舰游戏设计的，你的任务是找出表格中的船。方格中已填入了几个代表海或某种船的局部的图案，而紧靠行和列边上的数字表示这行或这列被占的方格总数。船和船之间可以水平或垂直停靠，但是任意两艘船或船的某个部分都不可以在水平、垂直和对角方向上相邻或重叠。

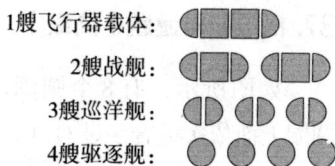

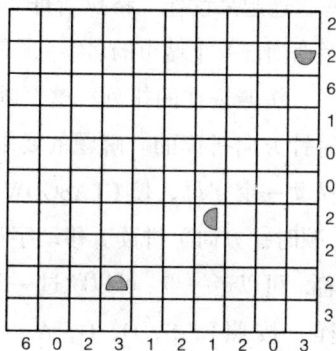

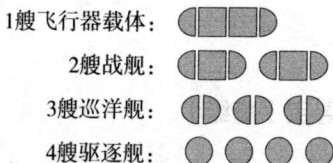

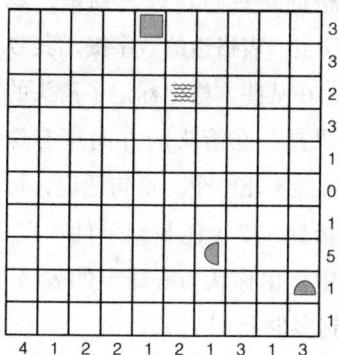

1艘飞行器载体：

2艘战舰：

3艘巡洋舰：

4艘驱逐舰：

2 2 6 1 0 0 2 2 3

6 0 2 3 1 2 1 2 0 3

36. 战舰（6）【中级】

这道题是按照一个古老的战舰游戏设计的，你的任务是找出表格中的船。方格中已填入了几个代表海或某种船的局部的图案，而紧靠行和列边上的数字表示这行或这列被占的方格总数。船和船之间可以水平或垂直停靠，但是任意两艘船或船的某个部分都不可以在水平、垂直和对角方向上相邻或重叠。

1艘飞行器载体：

2艘战舰：

3艘巡洋舰：

4艘驱逐舰：

3 3 2 1 0 5 1 1

4 1 2 2 1 2 1 3 1 3

37. 格拉斯哥谜题【高级】

如图所示：有8个圆圈，其中7个圆圈上面依次标着字母 G，L，A，S，G，O，W，连起来读作"格拉斯哥"，这是苏格兰西南部一个城市的名字。

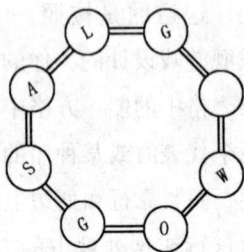

按照现在的排列，这个地名是按逆时针方向拼读的。解题的要求是：每次移动一个字母，使 GLASGOW 这个地名最后可以按照正确的方向（顺时针方向）拼读。移动字母的规则是：如果旁边有一个圆圈空着，可以走一步；可以跳过一个字母走到它旁边的空圆圈里去。这样，按照 L，S，O，G，A，G，W，A，G，S，O，S，W，A，G，S，O 的顺序移动字母，就可以达到目的。但一共要走 17 步。你能少走几步来实现上述目标吗？

38. 方格寻宝【高级】

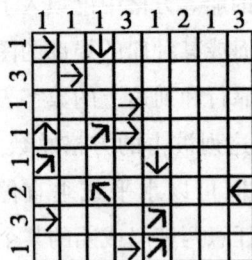

在表格的每一行、每一列中，隐藏了若干珠宝，表格边的数字揭示其数量。此外，在某些方格中标记了箭头的符号，意思是：在箭头的方向藏有珠宝，数量可能不止一个。换句话说，每个箭头所指处，至少能找到一件珠宝。请在表格中标出你认为有珠宝的表格，看你能找到多少个。

1艘飞行器载体：
2艘战舰：
3艘巡洋舰：
4艘驱逐舰：

39. 战舰（7）【高级】

这道题是按照一个古老的战舰游戏设计的，你的任务是找出表格中的船。方格中已填入了几个代表海或某种船的局部的图案，而紧靠行和列边上的数字表示这行或这列被占的方格总数。船和船之间可以水平或垂直停靠，但是任意两艘船或船的某个部分都不可以在水平、垂直和对角方向上相邻或重叠。

40. 战舰（8）【高级】

这道题是按照一个古老的战舰游戏设计的，你的任务是找出表格中的船。方格中已填入了几个代表海或某种船的局部的图案，而紧靠行和列边上的数字表示这行或这列被占的方格总数。船和船之间可以水平或垂直停靠，但是任意两艘船或船的某个部分都不可以在水平、垂直和对角方向上相邻或重叠。

1艘飞行器载体：
2艘战舰：
3艘巡洋舰：
4艘驱逐舰：

41. 战舰（9）【高级】

这道题是按照一个古老的战舰游戏设计的，你的任务是找出表格中的船。方格中已填入了几个代表海或某种船的局部的图案，而紧靠行和列边上的数字表示这行或这列被占的方格总数。船和船之间可以水平或垂直停靠，但是任意两艘船或船的某个部分都不可以在水平、垂直和对角方向上相邻或重叠。

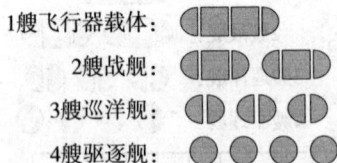

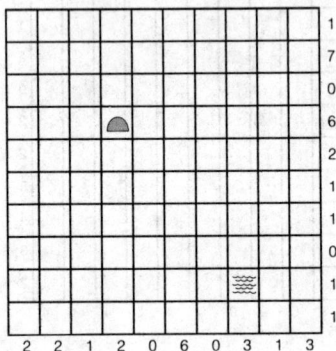

1艘飞行器载体：

2艘战舰：

3艘巡洋舰：

4艘驱逐舰：

								1
								7
								0
			◒					6
								2
								1
								1
								0
2	2	1	2	0	6	0	3	1	3

42. 寻找骨牌（4）【高级】

一副标准形式的骨牌已经展开，为了清楚起见，它使用数字而非点数来表示。你能用你尖锐的笔尖和灵活的脑瓜，把每个骨牌都画出来吗？下边这些格子将对你非常有帮助。

1	4	2	1	1	6	0	2
3	6	2	1	1	6	6	5
4	3	5	3	3	3	4	
0	1	4	2	4	4	6	1
3	5	0	4	2	5	3	0
1	5	5	6	5	0	0	0
3	2	5	6	0	4	6	2

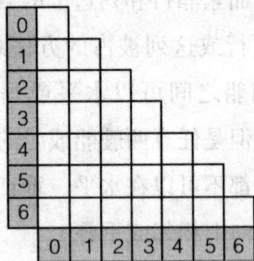

0
1
2
3
4
5
6

0 1 2 3 4 5 6

43. ABC（4）【高级】

按要求填表格，使得每行每列均包含字母 A、B、C 和两个空格。表格外的字母表示箭头所指方向的第一或者第二个出现的字母，如 B1 代表箭头所指方向出现的第一个字母为 B。你能按要求完成吗？

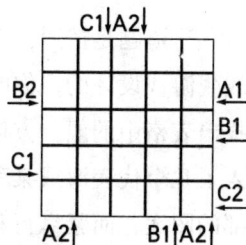

44. 寻找骨牌（5）【高级】

一副标准形式的骨牌已经展开，为了清楚起见，它使用数字而非点数来表示。你能用你尖锐的笔尖和灵活的脑瓜，你能把每个骨牌都找出来吗？你会发现右边的格子对你非常有帮助。

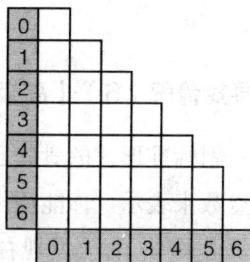

45. ABC（5）【高级】

按要求填表格，使得每行每列均包含字母 A、B、C 和两个空格。表格外的字母表示箭头所指方向的第一或者第二个出现的字母，如 B1 代表箭头所指方向出现的第一个字母为 B。你能按要求完成吗？

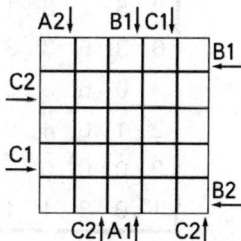

61

46. 战舰（10）【高级】

这道题是按照一个古老的战舰游戏设计的，你的任务是找出表格中的船。方格中已填入了几个代表海或某种船的局部的图案，而紧靠行和列边上的数字表示这行或这列被占的方格总数。船和船之间可以水平或垂直停靠，但是任意两艘船或船的某个部分都不可以在水平、垂直和对角方向上相邻或重叠。

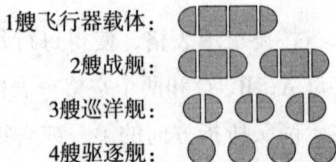

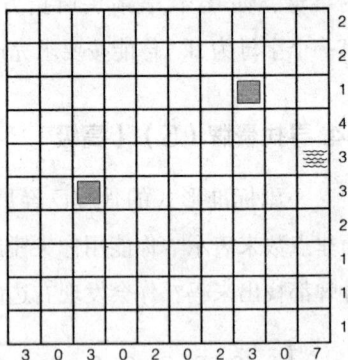

1艘飞行器载体：
2艘战舰：
3艘巡洋舰：
4艘驱逐舰：

47. 寻找骨牌（6）【高级】

一副标准形式的骨牌已经展开，为了清楚起见，它使用数字而非点数来表示。你能用你尖锐的笔尖和灵活的脑瓜，把每个骨牌都找出来吗？你会发现右面的格子对你非常有帮助。

0	2	2	4	4	4	4
2	5	2	3	1	1	6
6	3	6	3	3	5	3
3	0	6	3	5	2	6
2	1	6	4	0	5	4
2	0	0	0	6	5	1
1	0	3	1	1	2	0

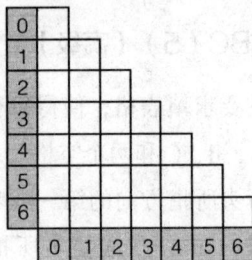

48. 战舰（11）【高级】

这道题是按照一个古老的战舰游戏设计的，你的任务是找出表格中的船。方格中已填入了几个代表海或某种船的局部的图案，而紧靠行和列边上的数字表示这行或这列被占的方格总数。船和船之间可以水平或垂直停靠，但是任意两艘船或船的某个部分都不可以在水平、垂直和对角方向上相邻或重叠。

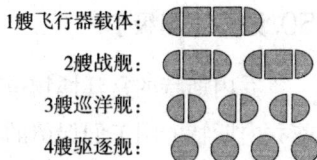

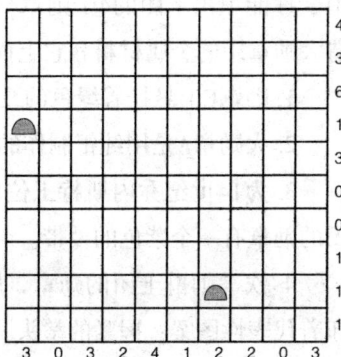

1艘飞行器载体：
2艘战舰：
3艘巡洋舰：
4艘驱逐舰：

49. 四人车组【高级】

英国电视台正在录制一部反映鸟类生活的纪录片。根据下面的线索，你能说出车中每个人的全名和他们的身份吗？

1. 瓦内萨·鲁特坐在录音师的斜对面。

2. 坐在 D 位置的鸟类学专家不姓温。

3. 姓贝瑞的摄像师不叫艾玛，而植物学家不在 C 位置上。

4. 盖伊不姓福特。

名：艾玛，盖伊，罗伊，瓦内萨
姓：贝瑞，福特，鲁特，温
身份：植物学家，摄像师，鸟类学专家，录音师

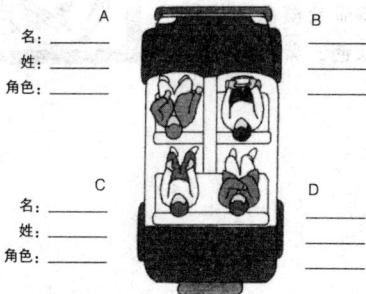

50. 勋章【高级】

　　乔内斯特的宫廷博物馆有一个陈列橱，里面排放着14-19世纪前乔内斯特的国王们保留的4个骑士团大勋章。从以下给出的线索中，你能填出下图的4个勋章分别代表的4个勋爵士团的名字、制造大勋章用的金属材料和它上面的绥带的颜色吗？

　　1. 勋章C上悬挂着绿色的绥带。

　　2. 大勋章A是用纯银制作的。

　　3. 为14世纪乔内斯特王位的继承人命名的赖班恩王子勋爵士团的勋章有一个紫色的绥带。

　　4. 铁拳勋爵士团的勋章，顾名思义是铁制的大勋章，上面烙印着代表性图案：握紧的拳头。展示在有蓝色绥带的勋章旁边。

　　5. 青铜制的勋章紧靠在由纯金制造的勋章的右边，金制勋章不是伊斯特埃尔勋爵士团的代表。

勋爵士团：赖班恩王子，圣爱克赞讷，伊斯特埃尔，铁拳。
勋章的材料：青铜，金，铁，银。
绥带的颜色：蓝色，绿色，紫色，白色。

答　案

1.

　　B。

2.

　　如图：

3.

　　D。图形 B、C 为图形 A 每次递时针旋转 90° 所得。

4.

　　C。其他各个图形的中心部分是递时针方向旋转，而周围部分是顺时针方向旋转。

5.

　　3。每个图形上面 3 个数字之和与下面两个数字之和相等。

6.

　　Z 应该是黑色。因为所有的黑色字母都能一笔写完，白色的字母就不能。

7.

　　D。每一行或列小方格中的黑点数目都不同。

8.

　　B。

9.

　　指向 10。从左上方开始，沿顺时针方向进行，每个钟上时针与分针所指向的数字之和从 3 开始，每次加 2。

10.

　　F。大的部分变小，小的部分变大。

11.

　　C。

12.

C。每行的图形不论颜色如何都是顺序重复着的。

13.

B。

14.

D。

15.

A。先在脸上添画一种元素，再加画一根头发、脸上添画一种元素，接着加画一根头发，然后加画一根头发、脸上添画一种元素。此后，按照这个顺序添加。

16.

每一行中的黑楔形都可以构成一个完整的正方形。

17.

0108。前一个数字中的外面两位数相乘，乘积就是下一个数字中的外面两位数。前一个数字中里面的两位数相乘，乘积就是下一个数字中的中间两位数。

18.

B。只要再加一个小圆就可以和左图相同。A完全与图相同，其他几个相差太大。

19.

填△。其排列规则是从中心向外，按照○、△、×的次序旋转着填充。

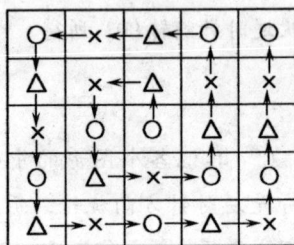

20.

从外面的大盒子里拿出1块糖，放到里面最小的盒子里就可以了。这样，最小的盒子里就有了5块糖（两对加1块），将这5块糖算进第二个小盒子的糖果数目中，第二个小盒子中的糖果数现在是5+4=9块（4对加1块）。第三个小盒子中现在有了9+4=13块糖（6对加1块）。最外面的大盒子中有13+8=21块（10对加1块）。

21.

每一行数字就是对其上面一行数字的描述。最下一行应该是31131211131221

22.

每个数字是它所在小正方形其他三个数字之和，根据这条规则，未给出的数字是63。

23.

26。每行的第一列数乘以第二列数，再加上第三列的数，等于第四列的数。

24.

史蒂夫的姓不是沃尔顿（线索2），他也不可能姓汉克，

汉克是第三名（线索2和3），因此他只可能姓泰勒，所以他代表红狮队（线索1）。他不是第二名（线索2），那么他只能是第一名，而沃尔顿是第二名。比尔不代表五铃队（线索4），因此他只可能代表船星队，而玛丽代表五铃队。从线索4中知道她肯定姓汉克，最后取得第三名，得出比尔肯定姓沃尔顿，取得第二名。

答案：

比尔·沃尔顿，船星队，第二名。

玛丽·汉克，五铃队，第三名。

史蒂夫·泰勒，红狮队，第一名。

25.

	A		C	B
B			A	C
C	B			A
	C	A	B	
A			B	C

26.

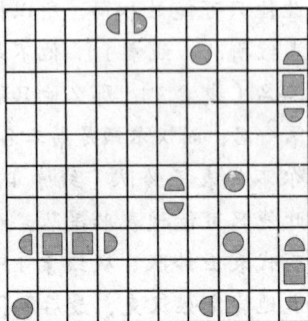

27.

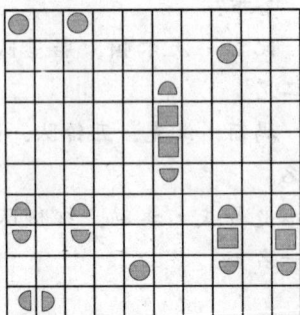

28.

0	3	0	3	6	4	6	2
5	5	0	5	4	5	5	0
6	2	0	4	2	3	4	1
1	2	2	4	4	3	1	3
1	1	0	6	5	3	3	1
1	3	6	6	6	2	2	5
2	1	4	0	4	0	6	5

29.

B	A	C		
	C	B		A
A	B		C	
		A	B	C
C			A	B

30.

A	B	C		
	C		A	B
B	A		C	
C		B		A
		A	B	C

31.

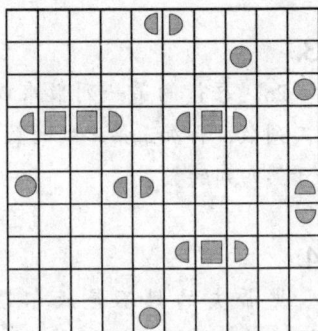

32.

1	3	4	0	2	3	0	0
6	5	5	1	2	3	4	6
4	4	4	2	2	5	5	6
3	1	0	0	3	0	5	6
6	1	1	2	2	5	3	3
1	5	6	0	2	5	6	1
4	0	4	6	2	4	1	3

35.

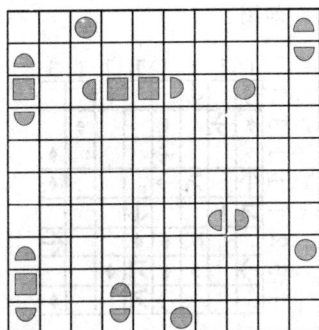

33.

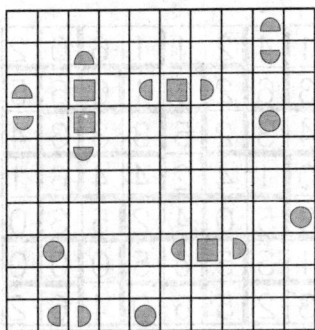

36.

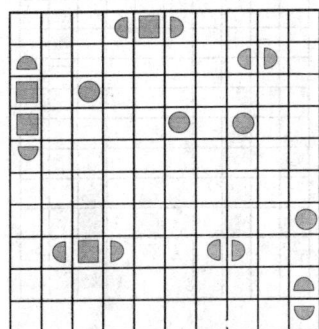

34.

2	5	1	1	1	2	0	6
5	0	6	6	5	3	4	4
2	3	4	5	2	5	4	2
1	1	6	5	2	5	0	4
0	0	4	5	3	3	3	2
6	6	6	3	3	2	1	6
4	1	0	0	0	1	4	3

37.

　　只需要走8步。两个G哪个做字头都可以。如用下面的G做字头，按下列顺序移动字母就可以达到目的：G，A，S，L，S，A，G，O。

38.

如图：

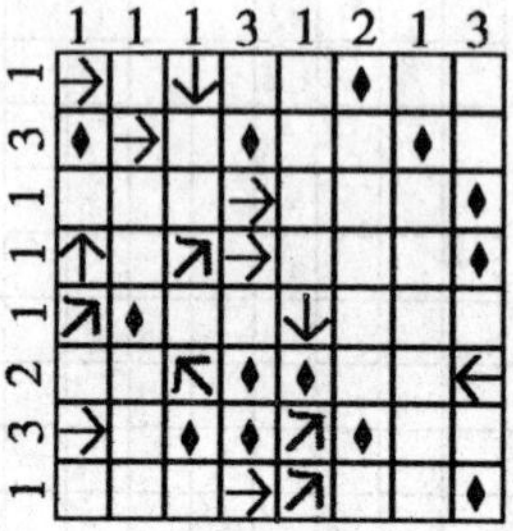

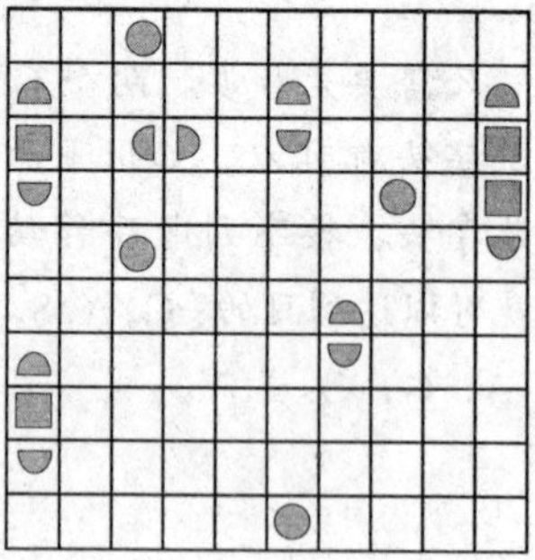

41.

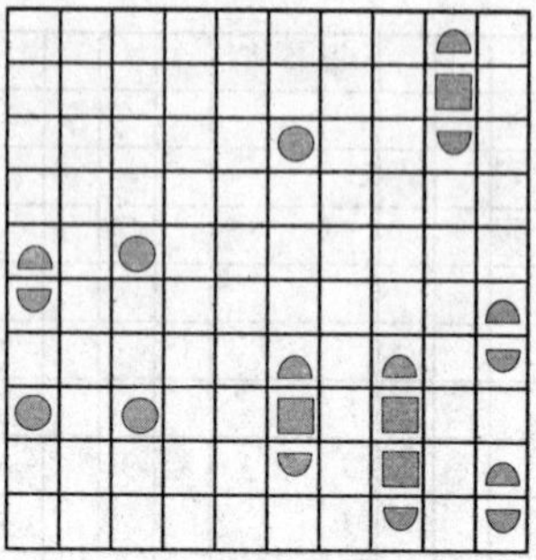

39.

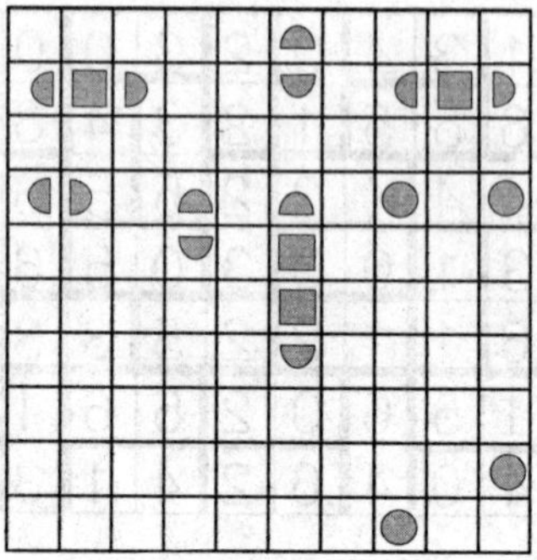

42.

1	4	2	1	1	6	0	2
3	6	2	1	1	6	6	5
4	3	2	5	3	3	3	4
0	1	4	2	4	4	6	1
3	5	0	4	2	5	3	0
1	5	5	6	5	0	0	0
3	2	5	6	0	4	6	2

40.

43.

B			A	C
	C	B		A
A			C	B
C	B	A		
	A	C	B	

44.

2	0	6	6	3	6	2	1
1	0	6	3	4	3	3	6
5	1	1	1	3	6	0	0
1	2	5	2	2	5	5	1
2	0	5	2	5	4	5	4
4	6	6	4	0	1	0	4
0	3	3	3	5	2	4	4

47.

0	2	2	4	4	4	4	4
2	5	2	3	1	1	6	6
6	3	6	3	3	5	3	5
3	0	6	3	5	2	5	6
2	1	6	4	0	5	5	4
2	0	0	0	6	5	1	4
1	0	3	1	1	2	1	0

45.

	A		C	B
B	C		A	
A		B		C
		C	B	A
C	B	A		

48.

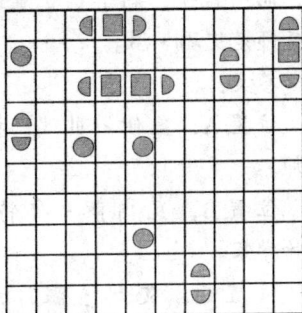

46.

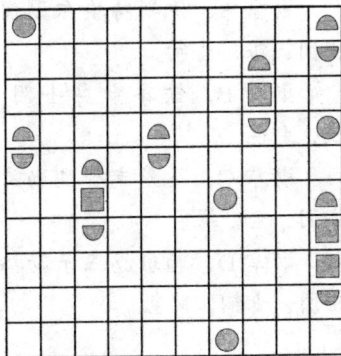

49.

　　因为摄像师姓贝瑞（线索3），坐在 D 位置的鸟类学专家是个男的（线索2），因此瓦内萨·鲁特（线索1）不是录音师，而是植物学家。她不在 C 位置上（线索3），又因为她的斜对面是录音师（线索1），所以她不在 A 位置上（线索2），

71

我们知道她也不在D位置，那么她一定在B位置。这样根据线索1，录音师在C位置，通过排除法，摄像师贝瑞在A位置。坐在D位置的鸟类学专家不姓温（线索2），而姓福特，因此他不叫盖伊（线索4），而叫罗伊（线索2）。现在通过排除法，C位置的录音师姓温。A位置的贝瑞不叫艾玛（线索3），而叫盖伊，剩下C位置的录音师是艾玛·温。

答案：

位置A，盖伊·贝瑞，摄像师。

位置B，瓦内萨·鲁特，植物学家。

位置C，艾玛·温，录音师。

位置D，罗伊·福特，鸟类学专家。

50.

因为勋章C有一个绿色的绶带（线索1），根据线索4，所以铁拳团的铁制勋章不可能是勋章D。勋章A用的是银作

为材料（线索2），勋章D不是金制的（线索5），所以勋章D应该是青铜制的。根据线索5，勋章C是金制的。综上可得，铁拳团的铁制勋章应该是勋章B。因此，由线索4得出，悬挂蓝色绶带的勋章是勋章A。现在已知3个勋章的团名或绶带颜色，所以赖班恩王子勋爵士团的有着紫色绶带的是青铜制勋章D，因此，白色绶带的勋章是铁拳团的勋章B。最后，由线索5，不是伊斯特埃尔勋爵士团的、带绿色绶带的金制勋章C是圣爱克赞讷勋爵士团的，而伊斯特埃尔勋爵士团的是银制的蓝色绶带的勋章A。

答案：

勋章A，伊斯特埃尔勋爵士团，银，蓝色。

勋章B，铁拳勋爵士团，铁，白色。

勋章C，圣爱克赞讷勋爵士团，金，绿色。

勋章D，赖班恩王子勋爵士团，青铜，紫色。

第三章

作图法

作图法是根据题目内容，把抽象复杂的条件有针对性地用图表的形式表示出来的方法。图表降低了分析和解决问题的难度。有些题目在作图之前会令人觉得无处下手，但是在作图以后就变得一目了然了。

作图法不仅能让形象直观鲜明，同时还包括抽象的严密推理过程，是逻辑推理的重要方法之一，对快速解决问题、锻炼逻辑思维能力有很大的帮助。

1. 老鼠迪克【初级】

老鼠迪克要怎样才能吃到奶酪呢?

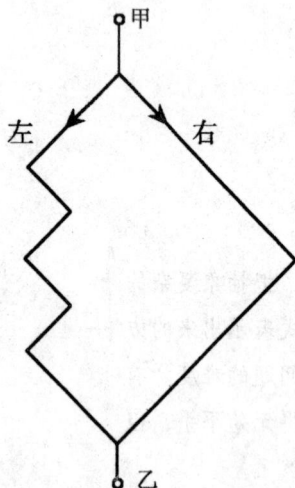

2. 谁先到达【初级】

如左图所示,从甲点到乙点中间隔着一个小草坪,草坪的两边有两条小路。小明和小军同时从甲点出发,小明从左侧小路走,小军从右侧小路走,相同的速度下,谁先到达乙点?

3. 男生还是女生【初级】

一个班有 90 个人排成一队去植物园。他们的排列顺序是这样的:男、女、男、男、男、女、男、男、男、女、男、男、男、女、男、男、男、女……那么,最后一个学生是男还是女呢?

4. 几个正方形【初级】

如下图所示的 16 个点能围成几个正方形?

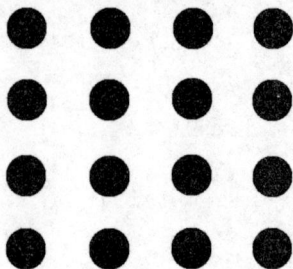

5. 双胞离体【初级】

将右面5种图形分别分成形状、大小都相同的双胞图形。

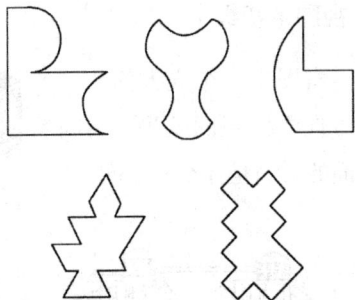

6. 不向左转【初级】

吉姆和汤米在一条马路上走着，眼见前面的马路就要向左拐弯了，汤米便考吉姆说："你能不往左转，就把这条马路走完吗？"吉姆笑道："这还不容易？"说罢，便快步向转弯处走去。没过一会，他果然没有向左转弯，就走完了这条向左转弯的路。你知道他是怎么做到的吗？

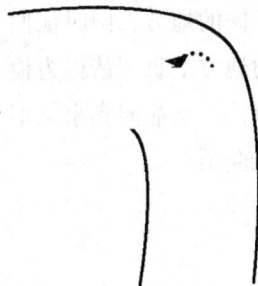

7. 只剩一点【初级】

有17个如右图中所画的点。从任何一点画一条比点粗的直线连接其他的点，最后应可让每一个点至少都能与另一点连接起来。但是，某人做这项工作，虽然连接了所有的点，最后却还是剩下一点。有这种可能吗？

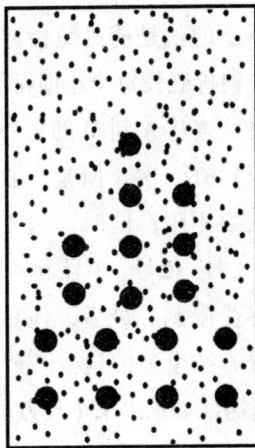

8. 视图【初级】

右图是一个立方体从三个方向看的视图效果。请问黑面的对面是什么样子的？

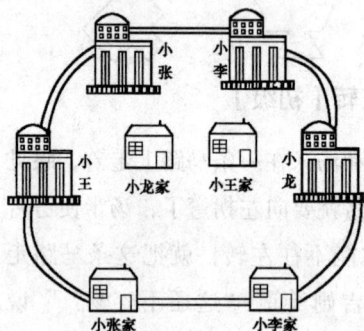

9. 条条大道通罗马【初级】

小张、小李、小龙、小王的家在不同的地方，同时他们在不同的地方上班。请你为他们分别设计一条能回到家又不相互交错的路线。

10. 飞船【初级】

这艘飞船正从月球飞回地球。右图所示的就是前进舱指挥舰板的平面图。伯肯舰长每个小时都会巡视飞船，他将检查从 A 到 M 的每一个走廊，而且只检查一次。但是，通过外走廊 N 的次数不限；同时，进入 4 个指挥中心（1 号、2 号、3 号和 4 号）的次数也不受限制。最后，他总是在 1 号指挥中心结束他的检查。请你把舰长的检查路线展示出来（起点可以从任一指挥中心开始）。

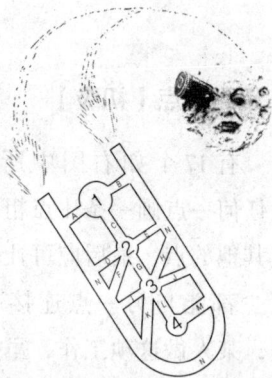

11. 未来时光【中级】

一位将军在战场上，拿着望远镜观察远处的房屋，偶尔看见一家墙壁上的挂历有如图所示的黑字。根据这些字能不能推测出这个月的 1 号是星期几？

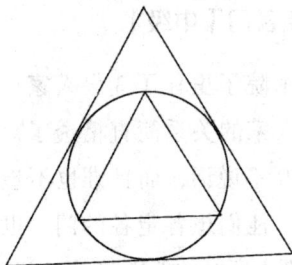

12. 面积有多大【中级】

在一个正三角形中内接一个圆，圆内又内接一个正三角形。

请问：外面的大三角形和里面的小三角形的面积比是多少？

13. 考试的结果【中级】

有 A、B、C、D、E 5 个人参加考试，都考了相同的五门课。老师评完考卷后，有如下结果（成绩按 1，2，3，4，5 分评分）：

1. 5 个人的总分各不相同，而且在同一门考试中，也没有相同分数的人。但无论是谁，都有一门课程成绩是 5 个人中最好的。

2. 按得分总名次排列，A 为第一名，其余依次为 B，C，E，D。

3. A 总分为 18 分，B 比 A 少 2 分。

4. A 历史最好，B 语文最好，但 B 的地理和英语均为第三名。

5. C 的地理为第一，数学为第二，历史为第三。

6. D 的数学为第一，英语为第二。关于 E 的得分情况，老师什么也没有说。

这 5 个人的各科成绩各是多少？总分又各是多少？

14. 人鬼同渡【中级】

3个人和3个鬼同在一个小河渡口，渡口上只有一条可容2人的小船，但是摆渡人不知去向。他们如何用这条小船全部渡到对岸去？

条件是在渡河的过程中，河两岸随时都保持人数不少于鬼数，否则鬼会把处于少数的人吃掉。

15. 各走各门【中级】

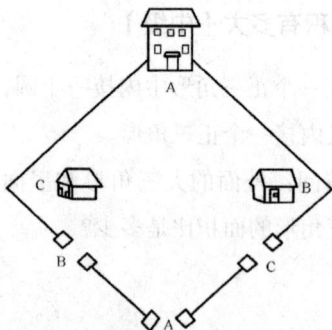

一个院子里住了3户人家。这3户人家的关系简直糟透了，不只是互不说话，而且谁也不想看到谁。他们想各走各的门，也就是像图上所画的那样，A走A门、B走B门、C走C门。为了避免相遇，他们走的道也不能交叉。那么，他们该怎样走才好呢？

16. 兔子难题【中级】

直线AA上有3只兔子，直线CC上也有3只兔子，直线BB上有2只兔子。有多少条直线上有3只兔子？有多少条直线上有2只兔子？如果拿走3只兔子，将余下的6只兔子排成3排，且每排有3只兔子，该怎么排列？

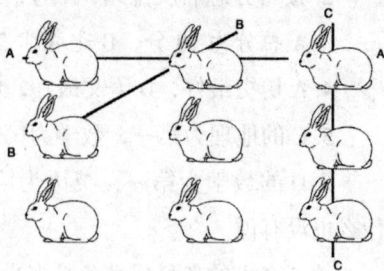

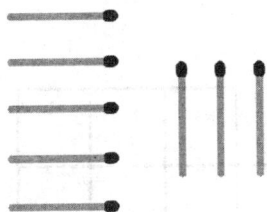

17. 拼汉字【中级】

想象一下，5 根横排的火柴和 3 根竖排的火柴能拼几个汉字？

18. 学生会委员【中级】

在某校新当选的 7 名学生会委员中，有 1 个大连人，2 个北方人，1 个福州人，2 个特长生，3 个贫困生。假设上述介绍涉及了该学生会中的所有委员，则以下各项关于该学生会的断定与题干相矛盾的是：

A. 两个特长生都是贫困生。

B. 贫困生不都是南方人。

C. 特长生都是南方人。

D. 大连人都是特长生。

E. 福州人不是贫困生。

19. 保守的丈夫【中级】

河岸上有 3 对夫妇，他们都要渡河，可是只有一条能乘 2 个人的小船。而且，这 3 个男人都很保守，他们不希望自己的妻子在他本人不在的情况下和别的男人在一起。请想想，用什么办法把他们都渡过去。当然，船得他（她）们自己划。因此每次渡过河都要有人划回原处，直至全渡过去为止。

20. 放不下的榻榻米【中级】

一个日本人在买榻榻米（日本人铺房间用的一种草垫子，尺寸大小一般和中国的单人凉席差不多）之前，量了一下房间地面尺寸，正好是铺 7 张榻榻米的面积（见右图，两方格铺一整张榻榻米）。可是，当他买回来后却发现 7 张榻榻米在他的房间里怎么也铺不下。你知道其中的原因吗？

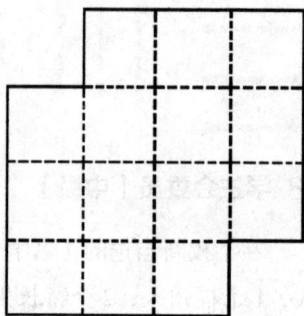

21. 移动汽车【中级】

如图，这是一座汽车库，实线表示墙，虚线表示车位的划分，车可以自由移动。如果要将车对调一下，即 1 和 5 对调，2 和 6 对调……每格只能进一辆车，但如果是空的，车移动几格都行。该怎样移动呢？

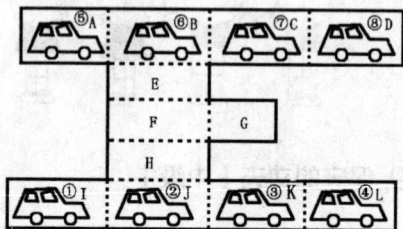

22. 戒指放盒里【中级】

一只盒子上面放着一枚钻石戒指，你能否在一分钟内把它放到盒内去？

23. 聪明的家丁【中级】

如图所示，这是一座从正上方俯视时呈正方形的城堡，堡主每面都派 3 个家丁日夜巡逻，自己在堡内每天都通过四面的窗口视察一下，看他们是否忠于职守。这差事如此辛苦，12 个家丁叫苦不迭。他们想了一个办法，既节省了人力，又让堡主视察时看到的仍是每面 3 人。他们是怎样做的？

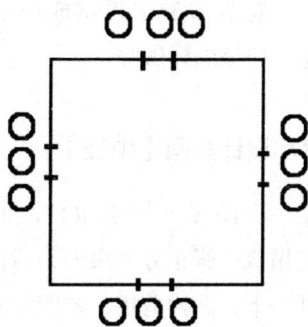

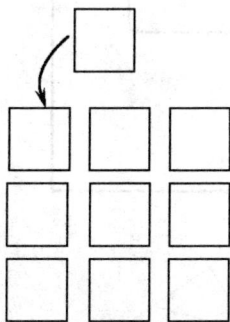

24. 变大的正方形【中级】

在图中，有相同大小的正方形纸 9 枚，全部排列成一个大正方形。现在想再加一枚小正方形纸片，以便和原先的 9 张一同做出一个更大的正方形。纸张可视需要自由裁剪，只是不能有多出来或重叠的部分。你准备怎样做呢？

25. 十字变方【中级】

图中所示的一张十字标志图，若让你另剪一刀，并把它拼成一个正方形，应该怎么做？

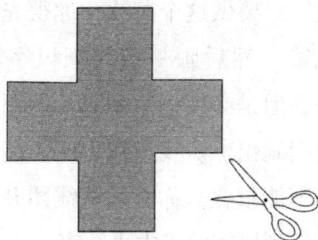

26. 巧做十字标【中级】

将右边的木板做成一个十字标志，应该怎样做呢？

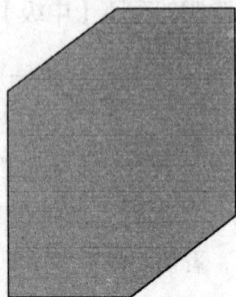

27. 设计桌面【中级】

下图是一块边角料，小花想把它做成一张正方形桌面，请你帮她设计一下，怎样剪拼，才能完成呢？

28. 神奇的风筝【中级】

右图就是著名的"风筝思维游戏"。要做这个游戏，你得先画一个风筝。然后画一条线把风筝连接起来，但是必须一笔完成（即用一条线连续画出）。线与线之间不能交叉，也不能重叠。你必须从线团开始画，然后到风筝的正中央结束。

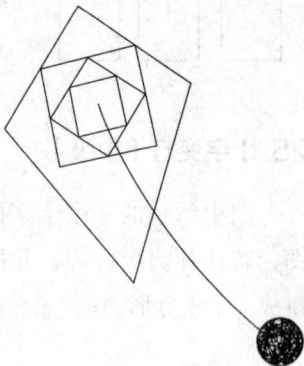

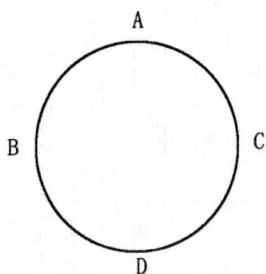

29. 谁点了牛排【高级】

4个好朋友前往一家西餐厅用餐，他们选了个圆桌，依A，B，C，D的顺序坐下，并在看过菜单之后，彼此接续点了主菜、汤及饮料。

在主菜方面，李先生点了一份鸡排，连先生点了一份羊排，而坐在B的人则点了一份猪排。

汤水方面，萧先生及坐在B处的人都点了玉米浓汤，李先生点了洋葱汤，另一人则点了罗宋汤。至于饮料方面，萧先生点了热红茶，李先生和连先生点了冰咖啡，而另一个人则点了果汁。

当大伙儿点完之后，这才发现：邻座的人都点了不一样的东西。如果李先生是坐在A的位置，试问，坐在哪个位置的先生点了牛排？

30. 火车卸运【高级】

一列火车将货物A运到B处，将货物B运到A处，但不能让它们穿越隧道，最后将火车返回原先的位置。

怎样解决这个问题呢？

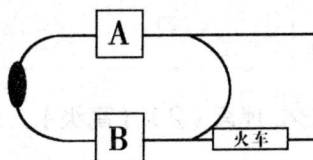

31. 周游世界【高级】

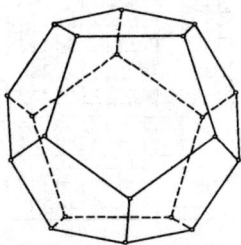

一个正十二面体，有20个顶点，每个顶点有3处棱相聚，如左图。从其中某个点出发，沿着正十二面体的棱，寻找一条路径，恰好经过每个点一次，最后返回出发地。

这样的路径能找到吗？

32. 贪玩的蜗牛【高级】

一只蜗牛掉进了棋盒，它想走完所有的格子回到原点，但它每次只能在上下或左右方向上移动一格，不能跃过格子跳动。它要怎样走呢？

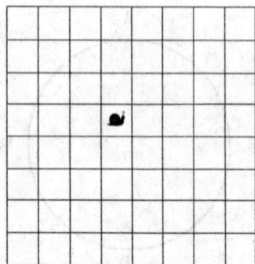

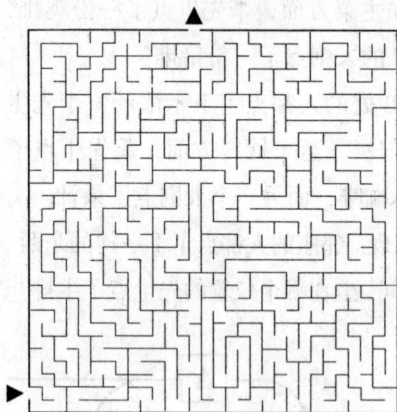

33. 迷宫（1）【高级】

左边是一个路径奇特的迷宫，其中迷宫的直道构成了一幅图，当你用粗线条作标记的时候就会特别明显，这个图案看起来像一个小伙子。试试看吧！

34. 迷宫（2）【高级】

这是个令人迷惑的题目，它的答案也同样令人惊讶：如果你使用一支黑线笔描绘出正确的路径，你就可以得到一幅画。在此题中，最后画出的图是一只猴子。为了不走错路，可以使用一个小窍门：一旦你辨认出这条路是死路时，就先用笔封闭这条死路，然后再进行下一步。

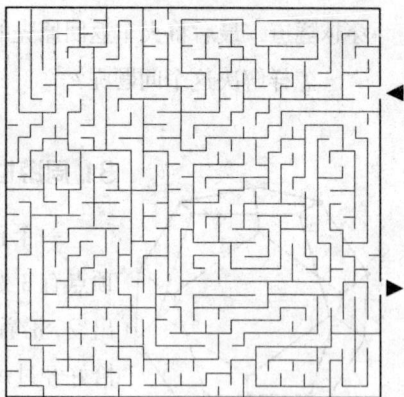

35. 弹孔【高级】

按照过去的西部观念，卡特尔·凯特称得上是位高人。她使用 6 发装左轮手枪的本领堪称传奇，这里我们看到的是她如何打赌取胜的。她说她可以在扭转头的同时往墙上射 12 颗子弹，这 12 个弹孔排列成 7 行，每行 4 个弹孔，当然，某些弹孔将同时存在于多个行列。钢琴师萨姆一点儿也不担心。那么，你认为弹孔在墙上是如何排列的呢？

36. 地毯【高级】

阿布杜是个地毯商，现在他遇到了一个大麻烦。他必须在太阳落山之前把一块边长为 10 米的正方形地毯交给一位十分富裕的客户。他在仓库里找出一块长 12 米宽 9 米的地毯，打算用这块地毯来做客户所要的地毯。可是，当他展开这块地毯时，发现有人在中间剪掉

了一块，被剪掉的部分长 8 米宽 1 米。然而，老练的阿布杜却很快想出一个办法：他把剩下的地毯剪成了两块，然后再缝在一起，这样便做出一整块边长为 10 米的正方形地毯。那么，他是怎么做的呢？

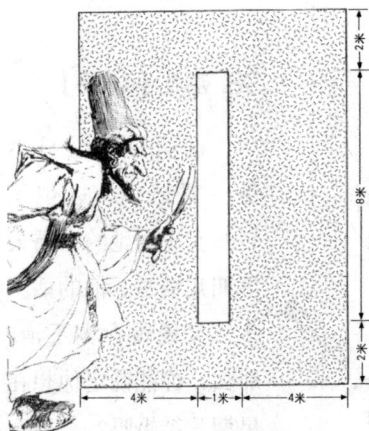

37. 占卜板【高级】

虽然你不是巫师，但同样可以解决这个题，而且可以令人刮目相看！图中的保罗和维维安正在与样子看起来像暹罗的好斗鱼进行交流。没人知道他们是怎么做的，他们说这幅画是这个占卜板用一条线画出来的，板上的笔没有离开纸，而且线条也没有相互交叉。那么，你能按照这些规则重复以上的过程吗？

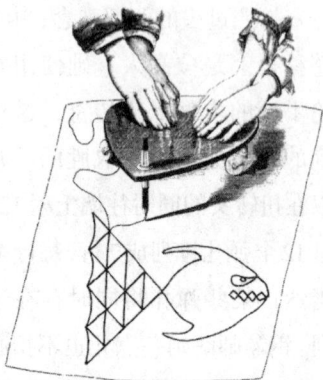

"那个日子的后天是'今天'的昨天，那个日子的前天是'今天'的明天，这两个'今天'距离那个日子的天数相等，我们就在那个日子结婚。"

38. 婚礼【高级】

这两个人很显然是一对情侣。这位年轻的女士问她的未婚夫星期几结婚。他的话不多，又说得含糊不清。那么，你能确定他想在星期几结婚吗？

答 案

1.

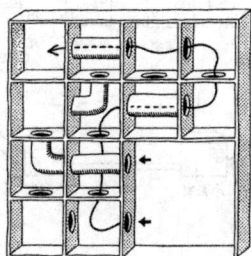

2.

两条小路的路程相同。如图，线路一的各分段距离之和，正好等于线路二的距离。

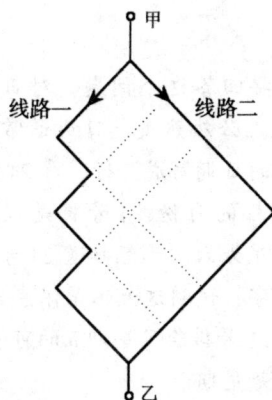

3.

最后一个学生是女生。

4.

20 个。如图。

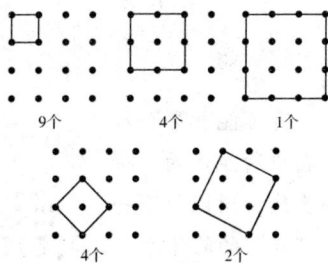

9个　　　4个　　　1个

4个　　　2个

5.

沿虚线剪开。

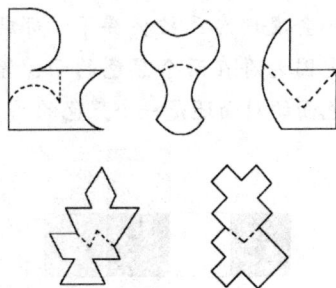

6.

他走的路线如下图中虚线所示：

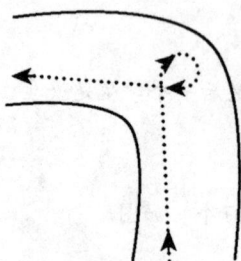

7.

有可能。那个人像图中所显示的一样画直线，所以留下一个"点"的简体字。

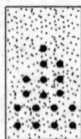

8.

另一个黑面。这道题也要画一个展开图来考虑，但你很快会发现自己被捉弄了，那就是因为存在两个黑色的面，黑色面的对面还是一个黑色的面。

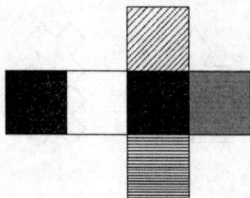

9.

如图：

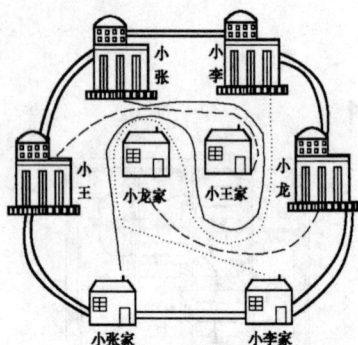

10.

舰长的检查路线如下：从2号指挥中心进去，然后是E, N, H, 3, J, M, 4, L, 3, G, 2, C, 1, B, N, K, 3, I, N, F, 2, D, N, A, 1。

11.

要回答这个问题，对日历的形式必然熟悉。日历通常把每月的日期写成5行，看24/31添加栏的月份，1号将是星期五或星期六。已经知道24号是黑体字，说明这天不是休息日。因此，1号排除了星期五的可能，必然是星期六。

12.

4:1。把小三角形颠倒过来，就能立刻看出大三角形是小三角形的 4 倍。

13.

如表所示：

	历史	语文	地理	英语	数学	总分
A	5	4	4	2	3	18
B	4	5	3	3	1	16
C	3	2	5	1	4	15
D	1	1	1	4	5	12
E	2	3	2	5	3	14

14.

（1）一个人和一个鬼过河；（2）留下鬼，人返回；（3）两个鬼过河；（4）一个鬼返回；（5）两个人过河；（6）一个人和一个鬼返回；（7）两个人过河；（8）一个鬼返回；（9）两个鬼过河；（10）一个人返回；（11）一人一鬼过河。

15.

走道的设计如图。既然关系不好，不想见面，走路就别怕绕路。

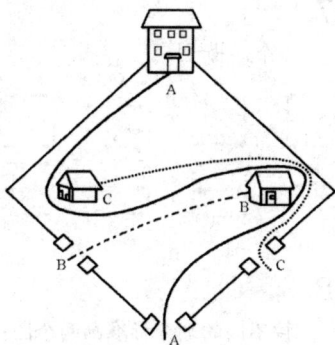

16.

有 8 条直线上有 3 只兔子；有 28 条直线上有 2 只兔子；6 只兔子排成 3 排且每排 3 只，可以如下图排列：

17.

4个。如图：

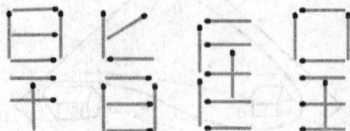

18.

按不同的划分标准画两个图：

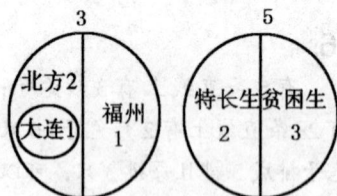

如果2个特长生都是贫困生，那么题中介绍便只涉及了6个人，与题干矛盾；其他选项均不矛盾。正确选项是A。

19.

渡法如下：船来去的情况用箭头表示。人用字母代表，大写的英文字母代表丈夫，小写的英文字母代表妻子。这道题的关键是在第6至第7次之间，又把Bb夫妇渡回来了。想到这一点，问题基本解决了。

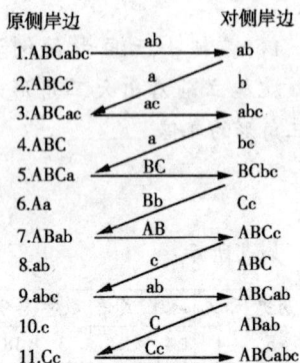

	原侧岸边		对侧岸边
1.	ABCabc	ab	ab
2.	ABCc	a/ac	b
3.	ABCac		abc
4.	ABC	a	bc
5.	ABCa	BC	BCbc
6.	Aa	Bb	Cc
7.	ABab	AB	ABCc
8.	ab	c	ABC
9.	abc	ab	ABCab
10.	c	C	ABab
11.	Cc	Cc	ABCabc

20.

老头的房间确实是7张榻榻米的面积，但该房间的形状是不能整铺7张榻榻米的，而是只能铺6张整的和两个半张的。

21.

照如下顺序移动即可。

1. 6→G 2. 2→B 3. 1→E
4. 3→H 5. 4→I 6. 3→L
7. 6→K 8. 4→G 9. 1→I
10. 2→J 11. 5→H
12. 4→A 13. 7→F
14. 8→E 15. 4→D
16. 8→C 17. 7→A
18. 8→G 19. 5→C
20. 2→B 21. 1→E
22. 8→I 23. 1→G

24.2 → J　　25.7 → H
26.1 → A　　27.7 → G
28.2 → B　　29.6 → E
30.3 → H　　31.8 → L
32.3 → I　　33.7 → K
34.3 → G　　35.6 → I
36.2 → J　　37.5 → H
38.3 → C　　39.5 → G
40.2 → B　　41.6 → E
42.5 → I　　43.6 → J

22.

添 3 根直线。

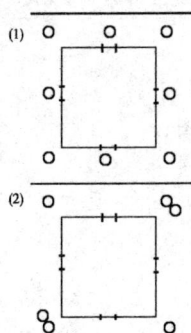

23.

如图：

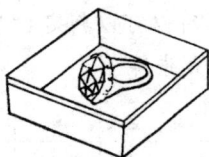

24.

如图，依照实线部分加以切割组合即可。中央 4 个小正方形维持原状，四周的 12 个片断刚好可组合成 6 个小正方形，合计 10 个小正方形。

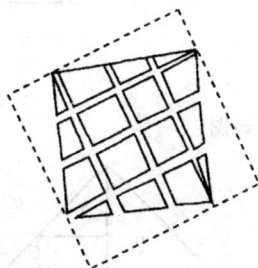

25.

先沿图 1 的虚线折叠，然后再沿图 2 的虚线折叠，最后沿图 3 的虚线折一下，并沿这条线剪一刀，就把"十"字形分成了 4 块相同的图形，把它们拼起来，就是一个正方形了。

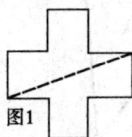

图1

图2

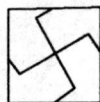

图3　　　　图4

26.

沿虚线锯开。

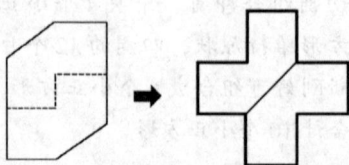

27.

如图：

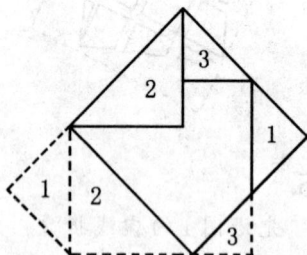

28.

答案如下图：

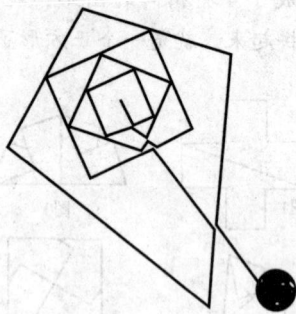

29.

　　坐在 C 处的萧先生点了牛排。破解此题的关键在于"邻座的人都点了不一样的东西"，因此，只要顺利排出各人所点的东西，并且填入他们的主菜，如此一来，主菜栏空白者便是点了牛排。李先生坐在 A 座，则连先生一定不是 B、C 座，那么确定 D 座是连先生，而坐在 B 的人点了一份猪排，那么萧先生肯定坐 C 座，而且 A、D 两人前文交代又点了鸡排和羊排，所以可以判定 C 座萧先生点的是牛排。

座位	人物	主菜	汤	饮料
A	李先生	鸡排	洋葱汤	冰咖啡
B	?	猪排	玉米浓汤	果汁
C	萧先生	?	玉米浓汤	热红茶
D	连先生	羊排	罗宋汤	冰咖啡

30.

　　如图：

第一步
火车搭载上货物B行驶到A处，倒车，然后运到如图所示的位置，卸车。

第二步
火车搭载上货物A，行驶到如图所示的位置，卸车，然后火车穿过隧道，到大货物B处。

第三步
火车搭载上货物B，倒车。

第四步
火车行驶到货物A处，将A一起搭载上。

第五步
火车载着货物A和B到达如图所示的位置。

第六步
卸车后火车环绕铁轨一周，将货物A搭载在车头上。

第七步
将货物A和B运送到如图所示的位置，将B卸下。

第八步
载着A倒车到如图所示的位置。

第九步
将A卸下后，火车环绕铁轨行驶到如图所示的位置。

第十步
搭载上货物B向货物A处倒车。

第十一步
将货物B运到如图所示的位置，然后火车头返回到原先位置。

31.

按照下图所示，顺次沿着标有数字1，2，3……19，20的线路走，最后从顶点20回到顶点1。

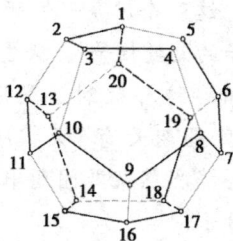

32.

下图只是正确答案的一种，你可以发挥你的想象帮蜗牛设计路线。

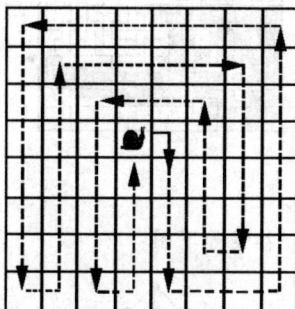

33.

答案如下图：

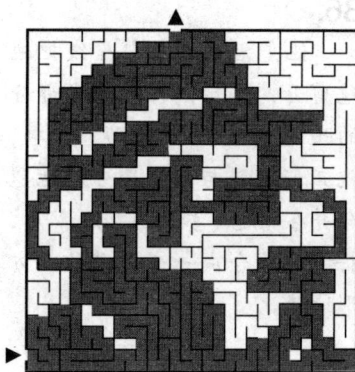

34.

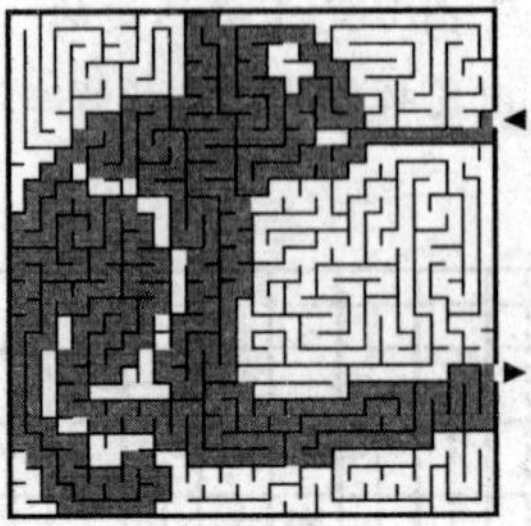

35.

答案如下图:

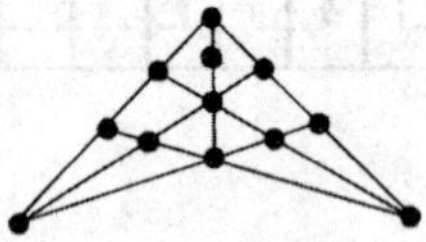

36.

他先沿着图1中虚线把地毯剪开,然后,再把上半部分的地毯向左下方移动,这样,就正好可以与下半部分的地毯合并在一起(参见图2)。然后,将它们缝合成一个完整的正方形地毯。

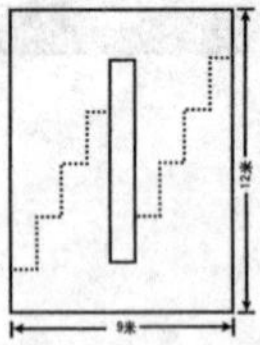

图1 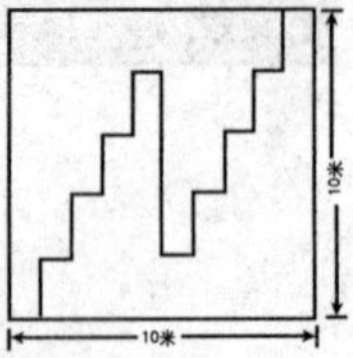　　　图2

37.

答案如图所示:

38.

举行婚礼的日子是星期日。我们得把他说的话分成两部分。

| 日 | 一 | 二 | 三 | 四 | 五 |
| 六 | 日 |

SUN MON TUES WED THUR FRI
SAT　SUN

第一部分　　第二部分

在第一部分"那个日子的后天是'今天'的昨天……",从星期天往前算,就到了星期三,即过了3天。在第二部分"那个日子的前天是'今天'的明天,这两个'今天'距离那个日子的天数相等",从星期天往后算,这样就到了星期四,即距离星期天有3天。所以,这个答案当然就是问题中所提到的日子。

第四章
计 算 法

　　数学中一丝不苟的计算，使得每一个数学结论都不可动摇。这种思维方法是人类的巨大财富。逻辑思维中有些问题也是一样，必须经过计算才能解决。

　　很多时候，逻辑测试中设置了种种隐含的条件，但是对解题无用，反倒是给出的几个数字才是解题的关键。这时候，运用计算法，问题就会迎刃而解。

1. 巧妙连线【初级】

请你沿着图中的格子线，把圆圈中的数字两个两个地连起来，使两者之和为10。注意：连接线之间不能交叉或重叠。

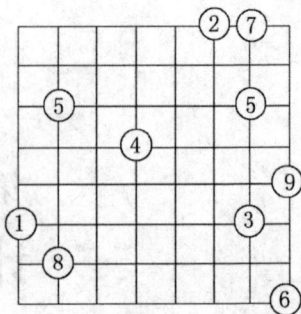

2. 数字和密码【初级】

下面是数字和相应密码的对应表。你能确定它们之间的关系并找出最后一行的数字是什么吗?

数字	密码
589	521
724	386
1346	9764
?	485

3. 书蛀虫【初级】

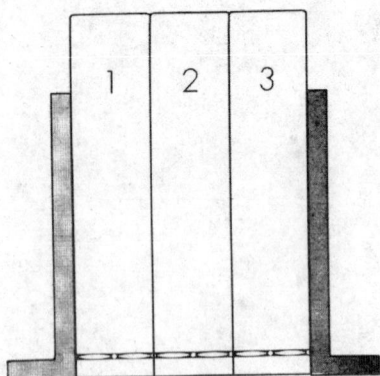

"贪婪的书蛀虫"游戏很早就有了，而且非常有意思。书架上有一套思维游戏书，共3册。每册书的封面和封底各厚0.2厘米；不算封面和封底，每册书厚2厘米。现在，假如书蛀虫从第一册的第一页开始沿直线吃，那么，到第三册的最后一页需要走多远?

4. 几何（1）【初级】

这是一个很好玩的几何思维游戏，而且要比想象的简单。右图中，圆圈的中心点是 O，∠AOC 是 90°，线段 AB 与线段 OD 线平行，线段 OC 长 12 厘米，线段 CD 长 2 厘米。你要做的是计算线段 AC 的长度。

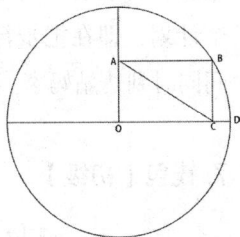

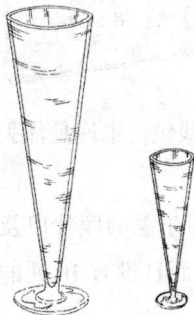

5. 细长玻璃杯【初级】

图中有两个细长玻璃杯。大玻璃杯的杯口直径和杯身高度正好是小玻璃杯的 2 倍。现在要做的就是把小玻璃杯当作度量器将大玻璃杯装满水。先把小玻璃杯装满水，然后把水倒进大玻璃杯。那么，我们需要多少次才能把大玻璃杯装满水？

6. 自行车【初级】

这个故事发生在自行车刚刚出现的时候。一天，有 2 名年轻的骑车人，贝蒂和纳丁·帕克斯特准备骑车到 20 千米外的乡村看望姑妈。当走过 4 千米的时候，贝蒂的自行车出了问题，她不得不把车子用链子拴在树上。由于很着急，他们决定继续尽快向前走。她们有 2 种选择：要么 2 人都步行；要么 1 个人步行，1 个人骑车。他们都能以每小时 4 千米的

速度步行或者以每小时 8 千米的速度骑车前进。他们决定制定一个计划，即在把步行保持在最短的距离的情况下，利用最短的时间同时到达姑妈家。那么，他们是如何安排步行和骑车的呢？

7. 钱包【初级】

有一天，威拉德·古特罗克斯先生急匆匆地跑进警察局，大喊自己的钱包被盗了。

"现在要镇静，古特罗克斯先生，"安德森警察说，"有人刚刚交还了一个钱包，也许是你丢的，你能把里面的东西描述一下吗？"

"好的，"威拉德回答说，"里面有一张菲尔兹的照片以及电话卡。哦，对了，还有 320 元，共 8 张钞票，而且没有 10 元的钞票。"

"完全吻合，古特罗克斯先生。给，这是你的钱包。"

那么，你知道他钱包里有哪 8 张钞票相加之后正好是 320 元吗？

8. 卖车【初级】

"啊，达芙妮，今天我终于把那辆破车卖掉了。原来我标价 1 100 元，可没有人感兴趣，于是我把价钱降到 880 元，还是没有人感兴趣，我又把价钱下调到 704 元。最后，出于绝望，我再一次降价。今天一早，奥维尔·威尼萨普把它买走了。"那么，你能猜出他卖了多少钱吗？

9. 加法【初级】

熊爸爸好像被它在佩尔特维利报上看到的一个思维游戏难住了。趁它还没有被烦透，我们来看看这个思维游戏吧：

右图所示的一行数字相加之后正好等于45。那么，你能否将其中一个加号改为乘号，使这个算式的结果变成100呢？

"嗯……1＋2＋3＋4＋5＋6＋7＋8＋9＝45"

10. 机器人【初级】

世界上的许多超现实的梦想都源自这个机器人思维游戏。图中的机器人的不同部位已经用1到12这几个数字标注。由于某种奇怪的原因，他无法离开这个超自然的行星，除非他身上的数字可以以7种不同的方式重新排列，并使由4个数字组成的各行各列相加的结果都是26。其中包括水平的两列数字、垂直的两列数字、4个中间的数字、胳膊上的4个数字以及脖子和腿上的4个数字。你知道怎样让他离开吗？

11. 五行打油诗【初级】

有种思维游戏叫作五行打油诗。人们总是对这种类型的思维游戏充满期待。下面我们就来看看其中一个。这道题要求读者把一个只包括 1 和 3 的 8 个数重新排列，使它们最后组成的数学表达式的结果等于 100 万。那么，你准备好笔和纸了吗？

> "以前有一个卡斯蒂利亚人，他虽然十分鲁莽，但他却能把一个十分富有的西西里岛人赌赢了。"
>
> "他可以把一个包含 1 和 3 的 8 个数轻而易举地排列，并使它们的结果等于 100 万！"

12. 破解密码算式【中级】

下面是一道算式，数字被人用英文密码隐藏了。隐藏了的数字构成了一个奇特的式子。请你运用智慧来想出每个字母代表的数字是什么。

$$\frac{\begin{array}{r} \text{V E X A T I B N} \\ \text{V} \end{array}}{\text{E E E E E E E E}}$$

13. 剩余的页数【中级】

共计 100 页的书，其中的第 20 ~ 25 页脱落了，请问剩下的书还有多少页呢？

14. 计算闯关【中级】

A 为 B 设计了一道游戏题，如右图所示。要求是由出发点开始，经过每一关时，从＋、－、×、÷ 中选一个符号，对相邻的两个数字进行运算，使到达目的地时，答案恰好是 1。B 想了半天，也不知道该怎么前进。你知道该怎样过关吗？

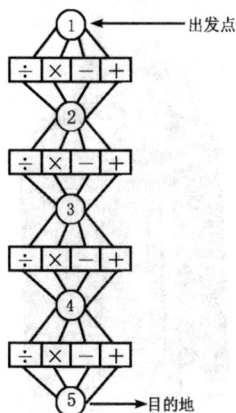

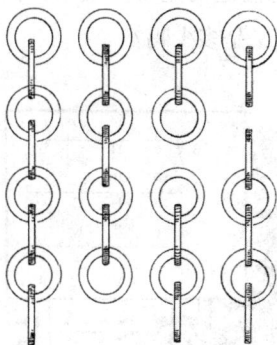

出发点

÷ × － ＋

目的地

15. 链子【中级】

一个人有 6 条链子，他想把它们连成一条有 29 个环的链子。他去问铁匠这个需要花费多少钱。铁匠告诉他打开一个环要花 1 元，而要把它焊接在一起则要花 5 角。请问，做这条链子最少要花多少钱？

16. 动物【中级】

这是一个有关管理员的游戏，它来自非洲的肯尼亚。有个管理员决定计算一下公园里的狮子和鸵鸟的数量。出于某种原因，他是通过计算这些动物的头和腿的数目来统计动物数量的。最后，他算出一共有 35 个头和 78 条腿。那么，你知道公园里分别有多少狮子和鸵鸟吗？

101

17. 保险箱【中级】

　　在犯罪纪录上，没有哪个贼比纳库克拉斯·哈里伯顿更卑鄙。当他到别人家里行窃时，他会毫不犹豫地去偷孩子们的存钱罐。看着他在下图中的样子，就知道他肯定是历史上最矮的小偷了。他撬开保险箱偷走了 125 枚硬币，一共有 70 元。其中没有 1 角的硬币。那么，你能否判断出他偷走的是哪些硬币，而每枚硬币的面值又是多少吗？

18. 数字【中级】

　　让我们来看看你是否有资格在润滑油补给站获得这份免费赠品。你所要做的就是将下图中数学表达式里的字母用数字代替，相同的数字必须代替相同的字母。竞赛的时限是 1 个小时。祝你好运！

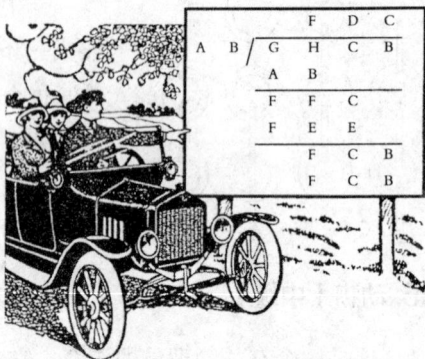

			F	D	C
A	B	G	H	C	B
		A	B		
		F	F	C	
		F	E	E	
		F	C	B	
		F	C	B	

　　解决了这个题，你就可以在汽车销售站免费获得润滑油！

19. 长角的蜥蜴【中级】

　　伯沙撒是我们镇上的自然博物馆从某个地方得到的一只长角的蜥蜴，它十分神奇。工作人员特意把它放在爬行动物观赏大厅新建的一个圆形有顶的窝里。刚放下，伯沙撒就马上开始考察它的新领地了。从门口开始，它向北爬行了 4 米到达圆的边缘，然后，它急忙转身向东爬行了 3 米，这时它又到达了围栏边。那么，你能否根据这些信息计算出它这个窝的直径呢？

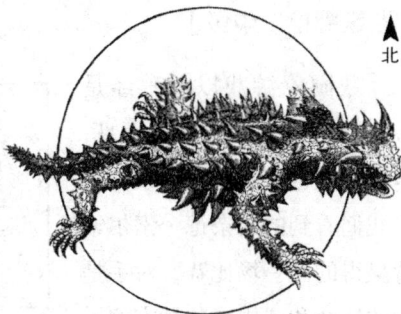

20. 车厢【中级】

小时候，爸爸给我买了一列玩具火车作为我的生日礼物。除了火车配备的车厢之外，他又花了 20 元买了另外 20 个车厢。乘客车厢每个 4 元，货物车厢每个 0.5 元，煤炭车厢每个 0.25 元。那么，你能否计算出这几种类型的车厢各有几个？

21. 开商店【中级】

哈丽和桃瑞斯正在做开商店游戏。哈丽花了 3.1 元从桃瑞斯那里买了 3 罐草莓酱和 4 罐桃酱。那么，你能根据上面说的情况计算出每罐草莓酱和每罐桃酱的价钱吗？

"桃瑞斯！我把这罐桃酱拿回来了，我想换成草莓酱。"

"好的，哈丽，给你草莓酱。"

22. 铁圈枪【中级】

铁圈枪游戏以前曾经是最棒的娱乐方式之一，而且，这个游戏也花不了多少钱。这里我们看到的是奈德·索尔索特赢得的又一场比赛，对手是她的妹妹和威姆威尔勒家的男孩子们。奈德将 25 个铁圈打进靶槽里，且每个靶槽均有得分，一共得到 500 分。共有 4 个靶槽，每个槽内的分值分别为 10，20，50，100。那么，你能算出奈德在每个靶槽内打进的铁圈数吗?

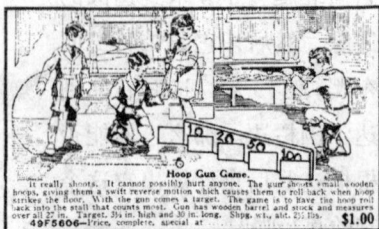

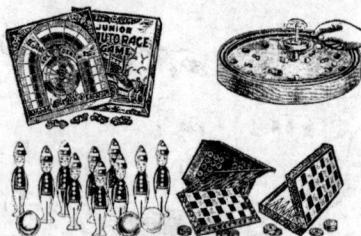

23. 灵长类动物【中级】

现在是动物园的午餐时间，我们在灵长类动物的观看亭所听到的叫声是它们在抢香蕉的声音。管理员每天都会分给这 100 只灵长类动物 100 根香蕉。每只大猩猩有 3 根香蕉，每只猿有 2 根香蕉，而狐猴因为最小只有半根香蕉。

你能否根据上面所给出的信息计算出动物园里的大猩猩、猿、狐猴各有多少只?

24. 面粉【中级】

当塞·科恩克利伯核对自己的补给品时，他在面布袋上发现了一些有趣的东西。面布袋每 3 个放在一层，共有 9 个布袋，上面分别标有从 1 到 9 这几个数字。在第一层和第三层，都是一个布袋与另外两个布袋分开放，而中间那层的 3 个布袋则被放在一起。如果他将单个布袋的数字（7）乘以与之相邻的两个布袋的数字（28）得到 196，也就是中间 3 个布袋上的数字。然而，如果他将第三层的两个数字相乘，则得到 170。

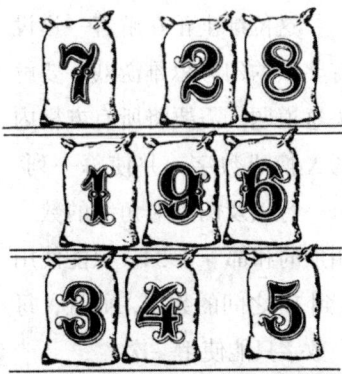

塞于是想出来一道题：你能否尽可能少地移动布袋，使得上、下两层上的每一对布袋上的数字与各自单个布袋上的数字相乘的结果都等于中间 3 个布袋上的数字呢？

25. 排列数字【中级】

这纯粹是一道数字题。你能将图表中的 17 个数字重新排列，使排列之后的每一条直线上的数字相加之和都等于 55 吗？

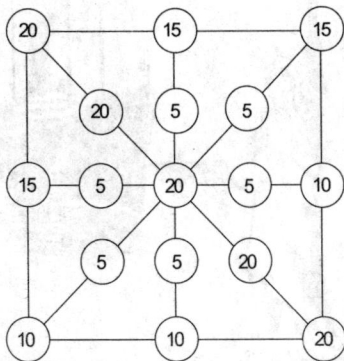

26. 幻方游戏【中级】

　　这位绅士正在解答一道设有奖项的幻方思维游戏。要解决这道题，需要将所有方格内的 X 换成数字，并使每一列、每一行以及两条对角线的数字相加的和都等于 34。只能使用 1 到 16 之间的数字，而且，每个数字只能使用一次。

27. 轮船【中级】

　　巨轮出现在蒸汽运用的鼎盛时期，而纽约港便成了它们的停泊地之一。一天，有 3 艘轮船驶出纽约湾海峡并驶向英国的朴茨茅斯。第一艘轮船 12 天后从朴茨茅斯返回，第二艘轮船用了 16 天完成了航行，而第三艘轮船用了 20 天才回到纽约港。因为轮船在港内的恢复时间是 12 个小时，所以轮船抵港的日期就是它们返航的日期。那么，需要多少天这 3 艘轮船才能再次同一天驶出纽约港，同时，在这期间每一艘轮船将会航行多少次？

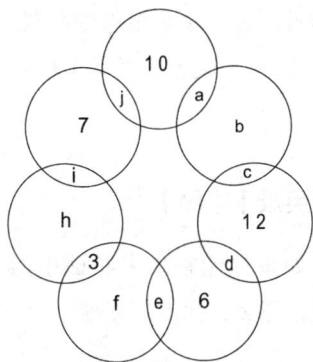

28. 圆圈【中级】

在解答这道题之前，你也许会发现自己在"看圆圈"。下图是 7 个相互交叉的圆圈，也就有 14 个有限区域。现在，请你把图中的字母用 1 到 14 的数字代替，使每一个圆圈内的数字相加的和等于 21，注意，数字不能重复。

29. 台球【中级】

我们看到的是库申斯·哈利布尔顿即将打进制胜一球，他随后获得了 1903 年曼哈顿花式台球锦标赛的冠军。5 轮之后，他共打进了 100 个球，而每轮他都要比前一轮多打进 6 个球。那么，你能否计算出他 5 轮中的各轮进球数吗？

"莱克斯福德，谁把第 7 个球打进横袋谁就获胜！"

30. 天文【中级】

威拉德·斯达芬德在观看自己最新的发现。他发现太阳系中的 6 个恒星是在 3 个重叠的轨道上旋转的，他在它们会聚在一点产生超新星之前很快给它们起了名字。威拉

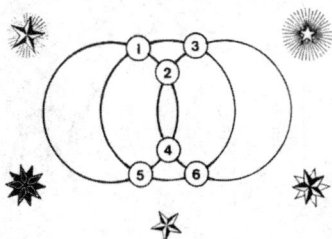

德把这几个恒星从 1 到 6 标上号，这样就组成一个恒星思维游戏。那么，你能否重新给这几个恒星标号，使每个轨道上的 4 个恒星相加的和是 14 呢？

31. 数学题【中级】

普里西拉·孙珊女士今天做我们的代课老师，她很严厉，可得当心啊。

"同学们，我上次站在这里已是好几个星期之前了。这样吧，我给大家出一道题：把黑板上的这 8 个数字分成两组，每组各有 4 个数字，将每组的 4 个数字排列组合成 2 个数并相加，而两组相加的结果必须一致。谁能把这道题解答出来呢？"

32. 英雄【中级】

如果你能答出来对话中的问题，那么，你也是英雄。

"埃尔利达，那个太简单了。我需要做的只是将数字 1、2、3、4、5、6、7、8、9 按照某种方式排列，使它们相加之后的总数为 99 999。这做起来简直就是小菜一碟。"

"弗雷斯，你赢得了年度思维游戏大赛的冠军，你是我心目中的英雄！"

33. 神秘的正方形【中级】

让我们抽时间来解决另一个有趣而又神秘的正方形思维游戏吧。你所要做的就是将下图中正方形里的数字重新排列，使每个水平方向、垂直方向以及对角线上的数字相加的结果为 33。希望你用大约 5 分钟的时间把答案推测出来。

34. 几何（2）【中级】

教授现在陷入了困境。他忘记了图中题的答案，离上课只剩下 5 分钟了！线段 BD 和 GD 已经画在虚构的立方体的两个面上。两条线段相交于 D 点。那么，你能否帮教授计算出这两条对角线之间的角度呢？

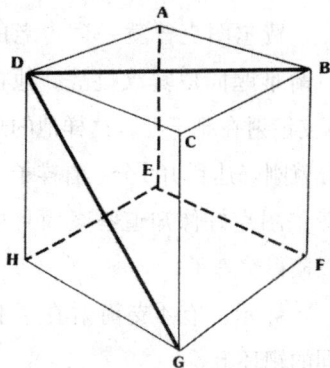

35. 蜘蛛网【中级】

有一个雕像存放在格力姆斯力城堡的阴暗凹室里。凹室的部分入口被一张巨大的蜘蛛网挡住了，拱状的网的弧正好是圆周长的 $\frac{1}{4}$，长 20 厘米。那么，你能根据这些实际情况计算出蜘蛛网遮盖部分的面积是多少平方厘米吗？

阴影面积
弧

36. 靶子【中级】

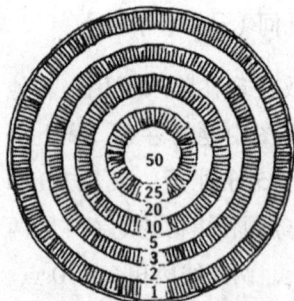

世纪之交的家庭娱乐节目给我们带来一个有趣的思维游戏。亚历山大和他的妹妹西比拉在靶子上打出了相同的环数，他们一共得到了96分。那么，你知道这些箭射在哪些环上吗？

37. 射箭【高级】

费尔图克曾就一道古老的射箭难题向罗宾汉挑战。他把6支箭射在靶子上，这样他的总分就刚好达到100分。看样子，费尔图克好像知道答案而且可以摘得奖牌了。

提示：有4支箭射在了相同的靶环上。

38. 三角形组【高级】

你能否将数字1～12填入多边形的12个三角形中，使得多边形中的6行（由5个三角形组成的三角形组）中，每行（每组）的和均为33？

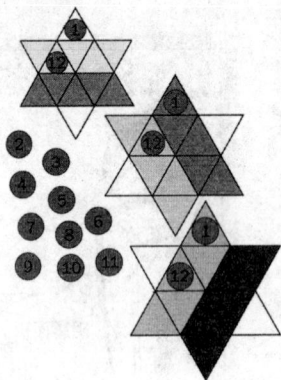

39. 替换数字【高级】

当一位魔术师在装书的箱子里翻找时遇到了一个很麻烦的思维游戏，他手里拿的木板就是这个思维游戏。要解决这个思维游戏，你必须把全部圆点用1至9这几个数字代替，这样，其实就形成了一道数学题。上面没有数字0，同时，每个数字都只能使用一次。请你试一试，看能否在半个小时之内推算出这道题的答案。

$$\frac{EVE}{DID} = .TALKTALKTALKTALKTALKTALK \ldots$$

"朋友，你不会没听见吧！"

40. 亚当和夏娃【高级】

亚当从别人那里收到一封信。可是，我们发现这封关于夏娃的信却给我们留下一个很大的难题。那么，你能用相同的数字代替相同的字母，最后得出一个正确的数学表达式吗？

41. 讨论会【高级】

　　随着圣诞节的临近，参加圣诞老人讨论会的动物助手也开展了圣诞前的动员会。现在我们看到的是它们正在解答一道很难的数学题。要解决它，你必须用从 1 到 9 这 9 个数字替换数学表达式中的字母，同时，必须使最后得出的减法结果正确，相同的数字要替换相同的字母。

答 案

1.

连接如图。

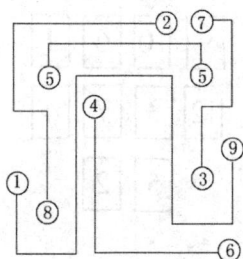

2.

625。用 10 减去数字里的每位数上的数字得到破解后的数字。

3.

书虫一共走了 6.8 厘米。书虫如果要从第一册第一页开始向右侧的第三册推进的话，第一件事情就是先从第一册的书开始破坏，接着是第一册的封底、第二册的封面、第二册书，之后是第二册的封底，然后是第三册的封面，最后是 2

厘米厚的书（即思维游戏的终点线）。期间，一共经过 4 个封页以及 3 册书的厚度，享用了6.8 厘米的美味。

4.

线段 OD 是圆的半径，它的长度是 14 厘米。图形ABCO 是个长方形，它与圆的中心以及圆边都相交。因此，线段 OB（即圆的半径）的长度为 14 厘米。因为长方形的两个对角线的长度都相等，所以，线段 AC 与线段OB 的长度相等，即 14 厘米。

5.

如果用小玻璃杯的话，我们需要倒 8 次才能把大玻璃杯装满水。因为大玻璃杯的杯身直径和高度是小玻璃杯的 2倍，所以它的体积就是小玻璃杯的体积乘以 8。比如，我们拿一个 1 厘米 ×1 厘米 ×1 厘

米的立方体举例，它的体积
为1立方厘米；那么，大玻璃
杯的体积，即2厘米×2厘米
×2厘米，这时它的体积就是8
立方厘米。

6.

贝蒂骑1个小时的自行车
后把自行车放在路边，并继续
步行2个小时，行走8千米后
到达她的姑妈家；纳丁步行2
个小时后到达放自行车的地方，
然后骑1个小时的自行车，这
样他就能和贝蒂同时在最短的
时间到达姑妈家。

7.

钱包里有2张50元的钞
票、2张100元的钞票、4张5
元的钞票。

8.

车主每次都在前一次价格
的基础上降价20%，所以，最
后的售价是563.20元。

9.

答案如下：

$1+2+3+4+5+6+7+8×9=100$

10.

答案中的一种如图所示：

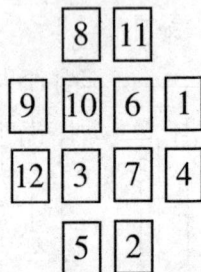

	8	11	
9	10	6	1
12	3	7	4
	5	2	

11.

这道题有多种解法，下面
是其中的一种解法：

$333333×3+1=1000000$

12.

如图：

$$\begin{array}{r} 9\,8\,7\,6\,5\,4\,3\,2 \\ \times \qquad\qquad 9 \\ \hline 8\,8\,8\,8\,8\,8\,8\,8 \end{array}$$

13.

92页。从第20～25页共有
6页，那么从100里减去6就是

94 页……那就错了。纸是有正反
两面的，所以不可能只脱落其中
的一面。既然第 20 页脱落了，
那么第 19 页也必定脱落。同理
第 25 页脱落了，那么背面的第
26 页也必然随之脱落。综上所
述，应该是从第 19 ～ 26 页共
计 8 页脱落了。即：100−8=92。

14.

如图：

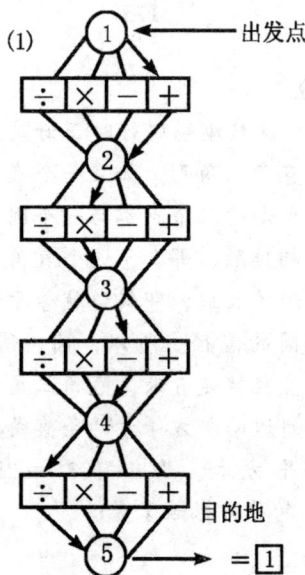

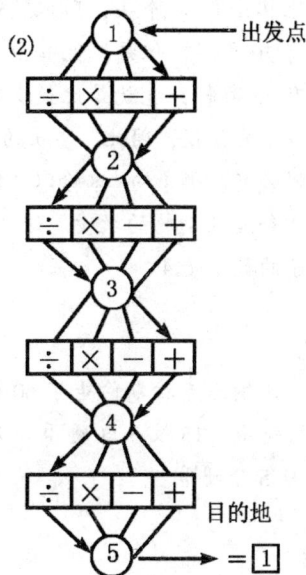

15.

把那条带 4 个环的链子拿
出来，将上面的 4 个环都打开，
这样会花费 4 元。接着，利用
这 4 个环把剩余的 5 条链子连
在一起；然后，把这 4 个环焊
接在一起，这会花费 2 元。所
以，一条 29 个节的链子一共会
花费 6 元。

16.

公园里有 4 只狮子、31 只
鸵鸟。以下是解题的方法：因

为他算出有 35 个头，所以，最少有 70 条腿。但是，他算出一共有 78 条腿，也就是比最少的数多了 8 条腿，因此，多出的 8 条腿必定是狮子的。8 除以 2 便是四条腿的动物的数量。这样，狮子的数量是 4。

17.

比纳库克拉斯偷走了 60 枚 1 元硬币、15 枚 5 角硬币以及 50 枚 5 分硬币。

18.

答案如下：

解题步骤：(1) 因为第一个值与除数相同，所以，商的第一个值就是 1；(2) 根据第二次减运算，可用得知字母 E 肯定是 0，因为字母 FC 原封不动的放在了下面；(3) 字母 FEE 所代表的数字就是 100，而这正是字母 AB 与第二个值的乘积，除数不可以是 0，所以当一个两位数和一个一位数相乘能够得出 100 的只有 25，因此，商的第二个值就是 4；(4) 在第一次减运算中，字母 GH 与 25 的

差是 11，所以，字母 GH 肯定是 36；(5) 这最后一个字母 C 就是 7，8 或者 9。如果你每一个都试一试，那么，你很快就可以发现只有 7 最合适。

$$
\begin{array}{r}
147 \\
25{\overline{)3675}} \\
25 \\
\hline
117 \\
100 \\
\hline
175 \\
175 \\
\end{array}
$$

19.

这只蜥蜴爬行时正好是一个直角三角形。如果一个直角三角形的三个点都与一个圆的边相接触，那么，这个直角三角形的长边，即斜边就等于这个圆的直径。所以，圆（窝）的直径就是 5 米（直角三角形的斜边的平方等于两条直角边的平方和，即 $4^2 + 3^2 = 25$，25 的平方根等于 5）。

20.

乘客车厢每个 4 元，买了 3 个（共 12 元）；货物车厢每个

0.5 元，买了 15 个（共 7.5 元）；煤炭车厢每个 0.25 元，买了 2 个（共 0.5 元）。这些费用加起来就是 12+7.5+0.5=20。

21.

其中的一个答案为：草莓酱每罐 0.5 元，而桃酱每罐 0.4 元。在原先的交易中，3 罐草莓酱花费 1.5 元，而 4 罐桃酱则花费 1.6 元，这样，一共花费了 3.1 元。

22.

奈德的得分如下：10 分靶槽内有 14 个铁圈，共得分 140；20 分靶槽内有 8 个铁圈，共得分 160；50 分靶槽内有 2 个铁圈，共得分 100；100 分靶槽内有 1 个铁圈，得分 100。这样，140＋160＋100＋100＝500。

23.

动物园里有 5 只大猩猩、25 只猿以及 70 只狐猴。

24.

在第一层，将布袋（7）和（2）交换，这样就得到单个布

袋数字（2）和两位数字（78），两个数相乘结果为 156。接着，把第三行的单个布袋（5）与中间那行的布袋（9）交换，这样，中间那行数字就是 156。然后，将布袋（9）与第三行两位数中的布袋（4）交换，这样，布袋（4）移到右边成为单个布袋。这时，第三行的数字为（39）和（4），相乘的结果为 156。总共移动了 5 步就把这道题完成了。

25.

答案如下图：

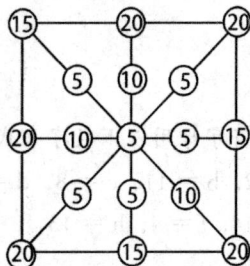

26.

答案如下图：

16	3	2	13
5	10	11	8
9	6	7	12
4	15	14	1

27.

这3艘轮船下次同一天驶出纽约港需要等到240天以后。因为240是12、16、20的最小公倍数，在这期间3艘轮船都可以完成航行。至于这段时间每一艘轮船所航行的次数，可以按以下方式计算。

第一艘轮船：240÷12＝20次；

第二艘轮船：240÷16＝15次；

第三艘轮船：240÷20＝12次。

28.

将字母用以下数字来代替：
a＝2，b＝11，c＝8，d＝1，e＝14，f＝4，h＝13，i＝5，j＝9。

29.

他这5轮中，每轮分别打进了8，14，20，26，32个球。

30.

答案如下：

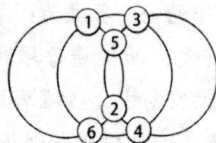

31.

答案如下：

$$173 + 4 = 177$$

$$85 + 92 = 177$$

32.

答案如下：

$$98765 + 1234 = 99999$$

33.

答案如下：

20	1	12
3	11	19
10	21	2

34.

线段 BD、DG 和 GB 构成一个等边三角形。因此，线段 BD 和 DG 之间的角度是 60°。

35.

下面的步骤清楚地说明了计算过程：

步骤 1

$20 \times 4 = 80$（周长）。

步骤 2

$80 \div 3.14 = 25.48$（直径）。

步骤 3

$25.48 \times 25.48 = 649.23$（正方形面积）。

步骤 4

$25.48 \div 2 = 12.74$（圆半径）。

步骤 5

$12.74 \times 12.74 \times 3.14 = 509.65$（圆面积）。

步骤 6

$649.23 - 509.65 = 139.58$（四个角的面积）。

步骤 7

$139.58 \div 4 = 34.9$（蜘蛛网的面积）。

36.

亚历山大和他的妹妹西比拉的得分如下：两箭射中 25 环、两箭射中 20 环、两箭射中 3 环。

37.

6 支箭的分数刚好达到 100 分，那么他射中的靶环依次为：16、16、17、17、17、17。

38.

这里给出其中一种解法：

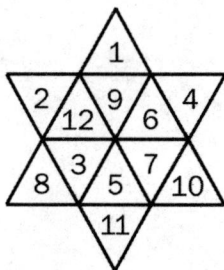

39.

答案如下：

$$
\begin{array}{r}
17 \\
\times \quad 4 \\
\hline
68 \\
+ \quad 25 \\
\hline
93
\end{array}
$$

40.

这个题的答案是：

$$\frac{242}{303} = .798679867986\cdots\cdots$$

41.

以下是我们知道的两个答案：

24794	36156
−16452	−28693
8342	7463

第五章
类比法

　　类比推理是数学中常用的一种逻辑推理方法。类比推理是根据两个事物有一部分属性相类似，推出这两个事物的其他属性相类似的一种方法，生活中的很多领域都要用到类比推理。

　　逻辑思维中的类比法，更多的是与生活中我们熟悉的、常见的事物进行类比，这就要求大家能更多地关注生活中的一些细节。

1. 真的没有时间吗【初级】

一个人经常抱怨没有学习时间。有一次他又对朋友说:"你知道吗? 我的时间太紧张了, 以至于我没有学习的时间。你看, 我每天要睡 8 个小时, 这样一年的睡眠时间就是 122 天。我们寒假和暑假加起来又有 60 天。我们每星期休息 2 天, 那么一年又要休息 104 天。我每天吃饭还要 3 个小时, 那么一年就需要 46 天。我每天从学校到家走路共需要 2 个小时, 这些时间加在一起又有 30 天。你看看, 所有的这些加起来有 362 天了。"他停了一下说:"我一年只有 4 天的时间学习, 哪能有什么成绩呢!"你知道这个人错误的地方吗?

2. 碑铭【初级】

斯皮尔牧师在去做晚祷的路上碰到了下图中的墓碑, 而碑铭中的某些东西让他很烦恼。他思考了一会儿发现里面有个错误。那么, 你能否找出牧师发现的那个错误呢?

3. 文字推数【初级】

下面 5 个答案中哪一个是最好的类比? "预杉"对于"须杼"相当于 8326 对于:

A. 2368

B. 6283

C. 2683

D. 6328

E. 3628

悼念该教区的爱德华·方丹先生, 他于 1823 年 10 月 28 日逝世, 享年 66 岁; 同时, 也悼念莎拉·方丹太太, 方丹先生的寡妇, 她于 1812 年 9 月 23 日逝世, 享年 82 岁。

4. 单词【初级】

右图中的 8 个单词有什么共同点呢?

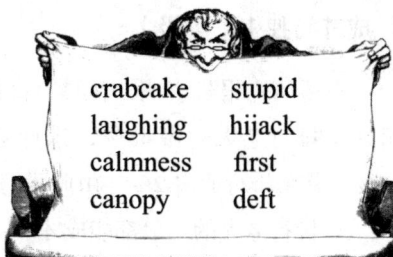

crabcake   stupid
laughing   hijack
calmness   first
canopy   deft

5. 长裤【初级】

虽然罗杰爵士过分讲究衣饰,但他曾被称作出色的剑客。虽然他的击剑决斗生涯充满波折,但他总会为决斗好好打扮一番。一天早晨,当他再次为决斗装扮自己时,他要找一双长裤。他知道衣柜底下的抽屉里有 10 双白色长裤和 10 双灰色长裤。但是,由于衣柜顶上只有一根蜡烛,光线太暗,以至于他无法辨认哪个是白色哪个是灰色。那么,你认为他最少从抽屉里拿出几只袜子便可以在外边光亮处找到并穿上颜色搭配的一双袜子呢?

6. 一样的小马【初级】

下边方框内的哪一个图形与给定的图形完全相同?

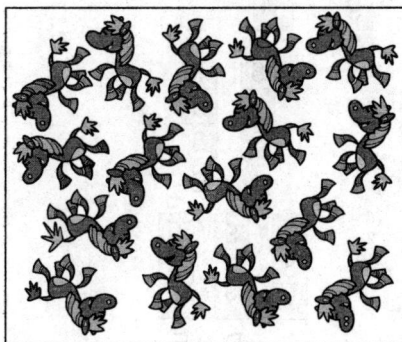

7. 成才与独生【中级】

一项研究报告表明，在具有高级职称的科技人员中，在兄弟姐妹中排行老大的占48%，排行老二的占33%，排行老三的占15%，其余排行的占2%。由此我们可以得出下列哪一个结论？

A. 排行老大的一般都能成才

B. "成才"的科技人员多数是独生子女

C. "成才"的可能性与其在兄弟姐妹中排行次序无关

D. 在兄弟姐妹中排行越大，"成才"的可能性越大

8. 最适合【初级】

图中标注问号的地方应该填上一列数字，从下列选项中选出合适的填上去。

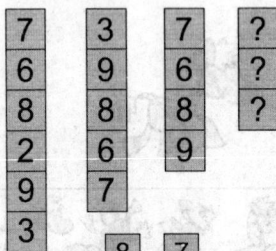

9. 假设【中级】

所有的物质实体都可以再分，而任何可以再分的东西都是不完美的。因而，灵魂并非物质实体。以下哪项是使上文结论成立的假设？

A. 所有可以再分的东西都是物质实体

B. 没有任何不完美的东西是不可再分的（所有完美的东西是不可再分的）

C. 灵魂是可分的

D. 灵魂是完美的

10. 哪里人【中级】

所有的赵庄人穿白衣服；所有的李庄人穿黑衣服。没有既穿白衣服又穿黑衣服的人。李四穿黑衣服。如果上述是真的，以下哪项一定是真的？

A. 李四是李庄人

B. 李四不是李庄人

C. 李四是赵庄人

D. 李四不是赵庄人

11. 判断正误【中级】

下面的 3 个论断中，有一个是正确的，你知道是哪个吗？

1. 这里正确的论断有一个

2. 这里正确的论断有两个

3. 这里正确的论断有三个

同样，下面的三个论断中，也只有一个正确，请选择出来。

1. 这里错误的论断有一个

2. 这里错误的论断有两个

3. 这里错误的论断有三个

12. 挽救熊猫的方法【中级】

为了挽救濒临灭绝的熊猫，一种有效的方法是把它们都捕获到动物园进行人工饲养和繁殖。以下哪项为真，最能对上述结论提出质疑？

A. 近 5 年在全世界各动物园中出生的熊猫总数是 9 只，而在

野生自然环境中出生的熊猫的数字，不可能准确地获得

B. 只有在熊猫生活的自然环境中，才有足够它们吃的嫩竹，而嫩竹几乎是熊猫的唯一食物

C. 动物学家警告，对野生动物的人工饲养将会改变它们的某些遗传特性

D. 提出上述观点的是一个动物园主，他的动议带有明显的商业动机

13. 犯罪嫌疑人【中级】

某珠宝店被盗，警方已发现如下线索：（1）甲、乙、丙3人中至少有一个人是犯罪嫌疑人。（2）如果甲是犯罪嫌疑人，则乙一定是同案犯。（3）盗窃发生时，乙正在咖啡店喝咖啡。谁是嫌疑人呢？

A. 甲是犯罪嫌疑人

B. 甲、乙都是犯罪嫌疑人

C. 甲、乙、丙都是犯罪嫌疑人

D. 丙是犯罪嫌疑人

14. 百米冠军【中级】

田径场上正在进行100米决赛。参加决赛的是A、B、C、D、E、F等6个人。关于谁会得冠军，看台上甲、乙、丙谈了自己的看法：乙认为冠军不是A就是B。丙坚信冠军绝不是C。甲则认为D，E，F都不可能取得冠军。比赛结束后，人们发现他们3个中只有一个人的看法是正确的。请问谁是100米决赛冠军？

15. 堆积（1）【中级】

下面的砖堆并不是孩子们玩耍时随意堆砌的，而是暗示了右边空白砖堆的最终结果。和其他砖堆一样，空白的一堆内有6块砖，每块上标有字母A、B、C、D、E、F中的一个，且各不相同。砖堆下面的数字告诉你两个信息：

1. 每堆内符合以下条件的砖对数：这堆中相邻的砖对在结果中仍相邻且顺序相同。

2. 每堆内符合以下条件的砖对数：这堆中相邻的砖对在结果中仍相邻，但顺序颠倒。

如：

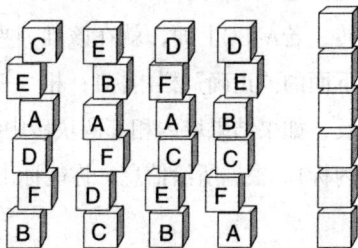

一堆内如有AC，结果堆内包含相同的相邻的两块砖，若A在C上面，就在该堆下面的"正确"栏内标1；相反，如果结果堆内相邻两块砖中C在A上面，就在相应的"颠倒"栏内标1，根据所给信息，你能标出结果堆上面的字母序列吗？

正确	0	0	0	0	5
颠倒	1	1	1	1	0

16. 堆积（2）【中级】

下面的砖堆并不是孩子们玩耍时随意堆砌的，而是暗示了右边空白砖堆的最终结果。和其他砖堆一样，空白的一堆内有6块砖，每块上标有字母A、B、C、D、E、F中的一个，且各不相同。砖堆下面的数字告诉你两个信息：

1. 每堆内符合以下条件的砖对数：这堆中相邻的砖对在结果中仍相邻且顺序相同。

2. 每堆内符合以下条件的砖对数：这堆中相邻的砖对在结果中仍相邻，但顺序颠倒。

如：

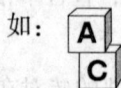

一堆内如有AC，结果堆内包含相同的相邻的两块砖，若A在C上面，就在该堆下面的"正确"栏内标1；相

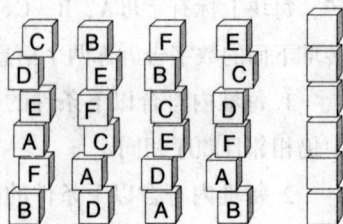

正确	0	0	2	0	5
颠倒	2	1	0	0	0

反，如果结果堆内相邻两块砖中C在A上面，就在相应的"颠倒"栏内标1。根据所给信息，你能标出结果堆上面的字母序列吗？

17. 堆积（3）【中级】

下面的砖堆并不是孩子们玩耍时随意堆砌的，而是暗示了右边空白砖堆的最终结果。和其他砖堆一样，空白的一堆内有6块砖，每块上标有字母A、B、C、D、E、F中的一个，且各不相同。砖堆下面的数字告诉你两个信息：

1. 每堆内符合以下条件的砖对数：这堆中相邻的砖对在结果中仍相邻，且顺序相同。

2. 每堆内符合以下条件的砖对数：这堆中相邻的砖对在结果中仍相邻，但顺序颠倒。

如：

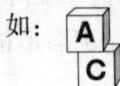

一堆内如有AC，结果堆内包含相同的相邻的两块砖，若A在C上面，就在该堆下面的"正确"栏内标1；相反，如果结果堆内相邻两块砖中C在A上面，就在相应的"颠倒"栏内标1。根据所给信息，你能标出结果堆上面的字母序列吗？

正确	0	0	0	0		5
颠倒	2	2	0	1		0

18. 堆积（4）【中级】

下面的砖堆并不是孩子们玩耍时随意堆砌的，而是暗示了右边空白砖堆的最终结果。和其他砖堆一样，空白的一堆内有6块砖，每块上标有字母A、B、C、D、E、F中的一个，且各不相同。砖堆下面的数字告诉你两个信息：

1. 每堆内符合以下条件的砖对数：这堆中相邻的砖对在结果中仍相邻，且顺序相同。

2. 每堆内符合以下条件的砖对数：这堆中相邻的砖对在结果中仍相邻，但顺序颠倒。

如：

一堆内如有 AC，结果堆内包含相同的相邻的两块砖，若 A 在 C 上面，就在该堆下面的"正确"栏

正确	1	0	0	0		5
颠倒	0	0	2	0		0

129

内标 1，相反；如果结果堆内相邻两块砖中 C 在 A 上面，就在相应的"颠倒"栏内标 1。根据所给信息，你能标出结果堆上面的字母序列吗？

19. 堆积（5）【中级】

下面的砖堆并不是孩子们玩耍时随意堆砌的，而是暗示了右边空白砖堆的最终结果。和其他砖堆一样，空白的一堆内有6块砖，每块上标有字母A、B、C、D、E、F中的一个，且各不相同。砖堆下面的数字告诉你两个信息：

1. 每堆内符合以下条件的砖对数：这堆中相邻的砖对在结果中仍相邻，且顺序相同。

2. 每堆内符合以下条件的砖对数：这堆中相邻的砖对在结果中仍相邻，但顺序颠倒。

如：

一堆内如有AC，结果堆内包含相同的相邻的两块砖，若A在C上面，就在

| 正确 | 0 | 2 | 1 | 0 | | 5 |
| 颠倒 | 1 | 0 | 0 | 0 | | 0 |

该堆下面的"正确"栏内标1；相反，如果结果堆内相邻两块砖中C在A上面，就在相应的"颠倒"栏内标1。根据所给信息，你能标出结果堆上面的字母序列吗？

20. 堆积（6）【中级】

下面的砖堆并不是孩子们玩耍时随意堆砌的，而是暗示了右边空白砖堆的最终结果。和其他砖堆一样，空白的一堆内有6块砖，每块上标有字母A、B、C、D、E、F中的一个，且各不相同。砖堆下面的数字告诉你两个信息：

　　1. 每堆内符合以下条件的砖对数：这堆中相邻的砖对在结果中仍相邻，且顺序相同。

　　2. 每堆内符合以下条件的砖对数：这堆中相邻的砖对在结果中仍相邻，但顺序颠倒。

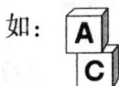

　　如：

　　一堆内如有AC，结果堆内包含相同的相邻的两块砖，若A在C上面，就在该堆下面的"正确"栏内

正确	0	1	0	0		5
颠倒	1	1	1	0		0

标1；相反，如果结果堆内相邻两块砖中C在A上面，就在相应的"颠倒"栏内标1。根据所给的信息，你能标出结果堆上面的字母序列吗？

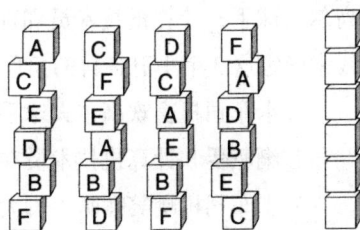

21. 巨型鱼【中级】

　　图中的渔夫上岸后肯定会把这个刻骨铭心的故事告诉给他的朋友们。好像他的祈祷真的应验了，那个庞然大物从他身边经过。那条鱼有多大呢？据他猜测，这条巨型鱼的头有60米长，它的尾巴是身体长度的

一半与头的长度的总和，而它的身体又是整个长度的一半。那么，这个深水动物各部分的长度该如何计算呢？

22. 小丑【中级】

有 3 个小丑，约翰、迪克和罗杰，他们每个人在冬季都扮演两个不同的角色。这 6 个角色分别是：卡车司机、作家、喇叭手、高尔夫球手、计算机技术员和理发师。请根据以下 6 条线索确定这 3 个小丑各自的角色。

1. 卡车司机喜欢高尔夫球手的妹妹。

2. 喇叭手和计算机技术员在和约翰骑马。

3. 卡车司机嘲笑喇叭手脚大。

4. 迪克从计算机技术员那里收到一盒巧克力。

5. 高尔夫球手从作家那里买了一辆二手汽车。

6. 罗杰吃比萨饼比迪克和高尔夫球手都要快。

23. 玩具【中级】

有一天，加尔文·克莱克特伯尔碰到了一些铁制的机械玩具收藏品，他因此大花了一笔。其中，包括自动倾卸卡车、蒸汽挖土机以及农用拖拉机。我们把他的发现编成了一道题。他买了下面 4 堆玩具：

第一堆有 1 辆拖拉机、3 辆挖土机以及 7 辆卡车，它们花了140 元。

第二堆有 1 辆拖拉机、4 辆挖土机以及 10 辆卡车，它们花了170 元。

第三堆有 10 辆拖拉机、15 辆挖土机以及 25 辆卡车。

第四堆有 1 辆拖拉机、1 辆挖土机以及 1 辆卡车。

请计算出加尔文为第三堆和第四堆玩具分别花了多少钱。

24. 女巫【中级】

在万圣节前夕，有个醉熏熏的农民十分倒霉，他被一个恶毒的女巫抓住并被带到破烂的教堂里。"如果你想活命，你就只能说一句话！"她咆哮说，"如果你说对了，我会把你榨成油；如果说错了，我会把你喂蝙蝠！"这时，那个农民立刻清醒过来，然后说了一句话，而这句话却让女巫诅咒了他并且把他释放了。那么，那个农民说了什么呢？

25. 手表【中级】

克兰西三兄弟是纽约市古老的熨斗大楼里最出色的清洁工，为了对他们的准时表示感谢，业主们送给他们每人一块儿卡兰德手表。但是，麻烦也随之而来。布莱恩那块表很准时，巴里那块表每天都慢 1 分钟，而帕特里克的表则每天都快 1 分钟。如果兄弟三人在收到手表的那天中午同时把手表调到准确时间并且此后不再调整手表的话，那么这 3 块手表需要过多少天才能再次在中午显示正确时间呢？

26. 考古【中级】

霍金斯和皮特里这两位刚毅的考古学家又挖掘出一件古代文物。我们来听听他们说了什么：

"皮特里，我们终于发现了举世闻名的'斯芬克司思维游戏'墓碑，它都有 3 500 年的历史了！"

"我们？什么意思，"皮特里语无伦次地说，"别把我也扯进去！我不相信造金字塔的思维游戏大师会把它写下来！"

这个墓碑当然是假的，但是这个思维游戏的确很有趣。看看你能不能在他们向别人打听之前把它解答出来。

"什么东西早上有四条腿，下午有两条腿，晚上有三条腿？"

27. 朗姆酒【中级】

传说很久以前，有两个好朋友——比利·伯恩斯和派斯特·皮耶，他们在布奇特·奥布拉德烈酒商店大吵起来。好像是比利拿来一个 5 升的空桶，他让派斯特往里面倒 4 升最好的朗姆酒，但是商店只有一个旧的 3 升锡铅合金的小罐，无论比利和派斯特怎么试，他们都无法用这两个容器从朗姆酒桶里正好量出 4 升酒。他们屡屡受挫使他们大打出手。如果你当时在场的话，你能否解决他们之间的问题呢？

28. 猜纸牌【中级】

下图中的迈克·米勒、琳达·凯恩和比夫·本宁顿正在思维游戏俱乐部的游戏室里玩。迈克刚刚把扑克牌正面朝下放好，现在他向他们挑战，让他们找出这些扑克牌的数值。欢迎读者朋友一起玩（为了表达清楚，假设读者看到的线索与扑克相一致）。

“这 4 张正面朝下的扑克是黑、红、梅、方 4 种花色的扑克，它们的数字是 A、K、Q、J。下面有 5 条线索，它们会帮你确定每张扑克的花色和数字：
1. 扑克 A 在黑桃的右边。
2. 方块在扑克 Q 的左边。
3. 梅花在扑克 Q 的右边。
4. 红桃在扑克 J 的左边。
5. 黑桃在扑克 J 的右边。”

29. 埋伏地点【中级】

8个士兵必须埋伏在森林中，并且他们每个人都不能看到其他的人。

如图，每个人都可以埋伏在网格中的白色小圆处，通过夜视镜只能看到横向、竖向或斜向直线上的东西。

请你在图中把这8个士兵的埋伏地点标出来。

"恭喜您，格拉德汉德尔先生，我知道您现在是我们市的新议员！"

"是啊，尼德斯沃斯先生，最出色的人总是能够获胜。在5 219张选票当中，我的选票比墨菲多22张、比霍夫曼多30张、比唐吉菲尔德多73张！要是按这个速度，总有一天我会成为市长的！"

30. 市议员【中级】

当尼德斯沃斯先生为格拉德汉德尔订制新衣服时，你可以计算一下这4位候选人各获得了多少张选票吗？

31. 最重的西瓜【高级】

7个大西瓜的重量（以整千克计算）是依次递增的，平均重量是7千克。最重的西瓜有多少千克？

32. 正确答案【高级】

有4道测试题（每个问题都用Y或N来回答），小兰、小朋、小乐3人是如下表那样回答的。

这道测试题中，每答对一个问题得1分，3人的分数各不相同。以下陈述中，最低分的人的话是假的。那么请问，怎么答题才能得满分呢？小兰：
"问题4的正确答案是N。"小朋："小兰只得了1分。"小乐："小朋只得了1分。"

	Q1	Q2	Q3	Q4
小兰	Y	Y	N	N
小朋	N	Y	Y	N
小乐	Y	N	Y	Y

33. 英语过级【高级】

有一次学校要统计一下英语四级过级的人数。中文专业共有学生32人。经过统计，可以有这么3个判断：

1. 中文专业有些学生过了英语四级。

2. 中文专业有些学生没有过英语四级。

3. 中文专业班长没有过英语四级。

如果只有一个判断是正确的，那么你可以以判断出什么？

34. 背后的圆牌【高级】

A、B、C、D、E共5人，每个人的背后都系着一块白色或黑色的圆牌。每个人都能看到系在别人背后的牌，但唯独看不见自己背后的那一块圆牌。如果某个人系的圆牌是白色的，他所讲的话就是真实的；如果系的圆牌是黑色的，他所讲的话就是假的。他们讲的话如下：

A说："我看见3块白牌和一块黑牌。"

B说："我看见4块黑牌。"

C说："我看见一块白牌和3块黑牌。"

E说："我看见4块白牌。"

根据以上情况，推出D的背后系的是什么颜色的牌。

35. 3 000米决赛【高级】

世界田径锦标赛3 000米决赛中，始终跑在最前面的甲、乙、丙3人中，一个是美国选手，一个是德国选手，一个是肯尼亚选手。比赛结束后得知：

1. 甲的成绩比德国选手的成绩好。

2. 肯尼亚选手的成绩比乙的成绩差。

3. 丙称赞肯尼亚选手发挥出色。

以下哪一项肯定为真？

A. 甲、乙、丙依次为肯尼亚选手、德国选手和美国选手。

B. 肯尼亚选手是冠军，美国选手是亚军，德国选手是第三名。

C. 甲、乙、丙依次为肯尼亚选手、美国选手和德国选手。

D. 美国选手是冠军，德国选手是亚军，肯尼亚选手是第三名。

36. 黑白筹码【高级】

在20世纪20年代，出版了许多令人愉快的书，它们虽然价格很低，却能带来无限的乐趣。一本5角的书就可以让你学到有关魔术、思维游戏、国际象棋以及拳击的知识。这里就有一道从这些书当中找出来的有趣的题。

在一大张纸上画出10个表格（如下图所示）。然后，把4个白色扑克筹码和4个黑色扑克筹码放在前8个方格内，按照图中的样子，将各颜色的筹码交替放置。现在，要把筹码变成下图的顺序，在这个过程当中，每一次要将相邻的两个筹码移动到2个空方格内，而你只能通过4步来完成。

37. 爱丽丝【高级】

爱丽丝在去参加麦德·哈特举办的茶会途中遇到一个岔路口，她不知道该走哪条路。幸好，半斤和八两哥俩在那里帮忙。

"瓦勒斯告诉我，一条路通向麦德·哈特的家，而另一条路则通向魔兽的洞穴，我可不想去那里。他说你们知道那条正确的路应该怎么走，但同时也提醒我，你们当中的一个总是说实话，而另一个总是说谎。他还说，我只能问你们一个问题。"然后，爱丽丝提出了她的问题，而不论问他们当中的哪个，她都能得出正确的答案。那么，你知道她问了他们什么问题后找到了正确的路吗？

38. 假砝码【高级】

"你爸爸凯恩教授给我们出的这道思维游戏真的很不错。我们必须从这9个铅制砝码当中找出哪个是假的。其中的8个砝码每个重300克，而第9个砝码只有 $280\frac{3}{4}$ 克！"

"是啊，迈克，而我们在找那个假砝码时只能用这个秤。如果我们能称很多次，问题就简单了，我们很快就可以找到那个假砝码。但是，爸爸说我们只能称2次。现在该发挥你过人的直觉了！"

39. 鸡蛋【高级】

艾伯特是一个很有名的男管家，从未引起争论的他这次又成功了。他连续两年因设计烹饪决赛的思维游戏而获得尊重。他的问题是："如果你只有 2 个沙漏——一个11分钟的、一个7分钟的，那么你如何把鸡蛋煮15分钟呢？"他因此得到长时间的热烈掌声并获得一瓶香槟酒。欢迎你加入这个宴会，并把这道题解答出来。

"不是，米兰达，她的年龄不是38岁。你得再加把劲儿。记住，5 年前拜罗斯夫人的年龄是她女儿塞西莉的5倍。可是现在，她的年龄只是塞西莉的3倍。拜罗斯夫人现在多大呢？"

"是38岁吗？"

40. 水下【高级】

这是娱乐节目历史上最奇特的表演。广告中的尼莫教授和水下答题人米兰达环游过北美洲和欧洲,他们还解答了那里的观众提出的每一个思维游戏。米兰达面对的只有问题,她别无选择,要么快速找到答案，要么面临溺水而亡的危险。你能帮她弄清楚拜罗斯夫人现在的年龄吗？

141

41. 汽车【高级】

事情发生在1948年，斯威夫特·阿姆特维斯特正在跟慕洛格先生通电话，他可真会给人出难题。那么，当他与慕洛格先生通话时，你能否从他的话语中判断出每辆古董车的年龄分别是多少呢？

"你好，慕洛格先生，我是阿姆特维斯特，我正在萨姆以前的汽车市场。刚刚收到4辆轻型轿车，我就马上想到了你……它们有多少年的历史呢？艾塞克斯轿车比第二年老的林肯敞篷车年长4年，后者又比第三年老的杜森伯格汽车年长4年，而再后者又比最年轻的考特812型汽车年长4年，同时，考特汽车的年龄是艾塞克斯轿车的一半。那么，慕洛格先生，你在听吗？"

42. 城镇【高级】

在如图所示的地图中，A、B、C、D、E、F分别代表6个城镇。C在A的南边、E的东南边，B在F的西南边、E的西北边。

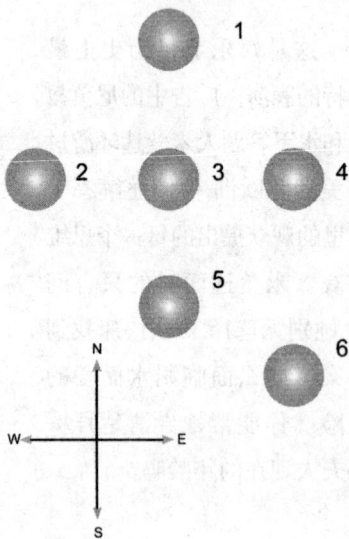

1. 图中标注1处的是哪个城镇？

2. 哪个城镇位于最西边？

3. 哪个城镇位于A的西南边？

4. 哪个城镇位于D的北边？

5. 图中标注6处的是哪个城镇？

答 案

1.

这个人在计算时间的时候重复计算了很多的时间，比如说假期中的睡眠时间和吃饭时间，星期中的睡眠和吃饭时间，以及很多上学时走路的时间。

2.

根据碑铭上所说的，莎拉·方丹太太比她的丈夫先去世。如果是那样的话，她怎么会是寡妇呢？

3.

D。予：8，页：3，木：2，彡：6

4.

这 8 个单词的共同之处就是它们每个词当中都包含字母表中连续的 3 个字母。

5.

罗杰最少可以从抽屉里拿出 3 只袜子。如果前两只正好搭配，他不会有疑问；如果不搭配的话，那么第三只袜子必定与前两只袜子中的一只搭配。

6.

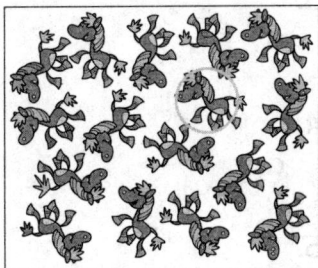

7.

D。

8.

E。每一竖行里的数字每次将被颠倒顺序，竖行里最小的数字将被去掉。

9.

正确答案为 D。

10.

D。

11.

第一个题目中正确的是1；第二个题目中正确的是2。

12.

B。

13.

D。

14.

C。

15.

从上到下：C,A,B,F,E,D。

16.

从上到下：A,E,D,B,C,F。

17.

从上到下：A,D,C,F,B,E。

18.

从上到下：A,B,F,E,C,D。

19.

从上到下：D,A,C,B,F,E。

20.

从上到下：A、B、C、D、E、F

21.

这条鱼头长60米、尾巴长180米、身体长240米，鱼的总长度为480米。

22.

约翰扮演了高尔夫球手和理发师；迪克扮演了喇叭手和作家；罗杰扮演了计算机技术员和卡车司机。

23.

加尔文为每辆拖拉机花了60元，为每辆挖土机花了15元，为每辆卡车花了5元。这样，第三堆玩具一共花了950元，第四堆玩具一共花了80元。

24.

他说的这句话是"你还

是把我喂蝙蝠吧！"如果他说对的话，他会被榨成油；如果他说错的话，他会被喂蝙蝠。但是，找到正确的处罚却是不可能的，所以女巫的计划落败。

25.

如果这3块手表要再次在中午显示正确时间，那么，每天慢1分钟的那块表必须等到它慢24小时中的12个小时，而每天都快1分钟的那块表必须等到它快24小时中的12个小时。以每天1分钟的速度，那么这3块表要过整整720天才能再次在中午显示正确时间。

26.

这道题的答案与题本身一样，都有很长的历史了，即：人。当人是婴儿的时候，人四肢着地；壮年时，人用两条腿走路；年老时，人走路就需要拐杖帮忙了。

27.

下面就是派斯特·皮耶应该做的：

（1）将3升的罐子倒满酒，然后，把酒倒入5升的桶中。

（2）将3升的罐子重新倒满酒，然后，再倒入5升的桶中，倒满为止。

（3）3升的罐子这时剩下1升的酒。然后，把5升桶中的酒倒回朗姆酒桶，接着，把3升的罐子里剩下的1升酒倒进去。

（4）将3升的罐子重新倒满酒，然后倒入5升的桶内。这时，桶内正好有比利·伯恩斯想得到的4升酒，即他此次想要购买的酒。

28.

这4张正面朝下的扑克牌从左到右依次是红桃K、方块J、黑桃Q、梅花A。

红桃 K	方块 J	黑桃 Q	梅花 A

29.

30.

格拉德汉德尔先生获得1336张选票；墨菲先生获得1314张选票，少了22张；霍夫曼先生获得1306张选票，少了30张；唐吉菲尔德先生获得1263张选票，少了73张，共5219张选票。

31.

13千克

? ? ? 7 ? ? ?

1　3　5　7　9　11　13

32.

因为不存在同样分数的情况，所以小兰和小朋不可能都得1分，所以，小朋或者

小乐有一个人撒谎了。假设小乐得了最低分的话，根据小朋的话（真实），小兰只得了1分，小乐比他还要低就是0分。就是说，4个问题的正确答案应该是与小乐的答案相反，即"NYNN"，如此小兰则得了3分，这是相互矛盾的。所以，最低分的是小朋，根据小乐的话（真实），小朋应该得了1分。根据小兰的话（真实），小朋答对的题只有第四题。所以可知，正确答案就是"YNNN"。

33.

中文专业所有人都过了英语四级。

34.

白色圆牌。

35.

按条件②和③，肯尼亚选手不是乙也不是丙，一定是甲。开始匹配：

美 > 肯 > 德

乙　甲　丙

正确选项是 C。

36.

将 2 号和 3 号筹码移到方格 9 和 10；将 5 号和 6 号筹码移到方格 2 和 3；将 8 号和 9 号筹码移到方格 5 和 6；将 1 号和 2 号筹码移到方格 8 和 9。

37.

爱丽丝问："如果我昨天问你们'哪条路通向麦德·哈特家？'的话，你们的答案是什么呢？"

对于这个问题，说实话的那个人仍会说出正确的答案，而那个说谎话的人会再次撒谎，但是昨天他也在撒谎，所以，他的谎话在抵消后也是正确的道路。

38.

首先，他们把 9 个砝码分成 3 堆、每堆 3 个砝码。然后把其中的两堆放在秤上，一边一堆。如果两堆中有一堆向上升，那么那个假砝码肯定在这堆砝码里；如果两边保持平衡，

那么那个假砝码肯定在第三堆砝码里。无论哪种情况，琳达和迈克在称了一次后就知道假砝码在哪一堆里。称第二次时，他们从放有假砝码的那堆砝码里挑出两个砝码，然后把它们放在秤上、一边一个。如果称两边保持平衡，那么第 3 个砝码就是假砝码；否则，向上升的那个砝码就是他们要找的。

39.

当水沸腾后，艾伯特将鸡蛋放进去，并把两个沙漏都倒放过来。当 7 分钟的沙漏中的沙子漏光时，他把它再倒放过来；这时，11 分钟的沙漏还剩下 4 分钟，当里面的沙子漏光时，7 分钟的沙漏底部正好有 4 分钟的沙子。艾伯特再把 7 分钟的沙漏倒放，这样，等到沙子再漏光时，时间正好是 15 分钟，然后他把鸡蛋从水里拿出来。

40.

拜罗斯夫人是 30 岁，她女儿塞西莉是 10 岁。现在，拜罗

斯夫人的年龄是她女儿的3倍。5年前，当她25岁时，塞西莉是5岁，即是女儿年龄的5倍。

41.

题中在1948年所提到的汽车是：

（1）产于1924年的艾塞克斯轿车，它已经买了24年。

（2）产于1928年的林肯敞篷车，它已经买了20年。

（3）产于1932年的杜森伯格汽车，它已经买了16年。

（4）产于1936年的考特812型汽车，它已经买了12年。

42.

1. F
2. B
3. E
4. F
5. C

第六章
分 析 法

分析法是逻辑思维中最基本的方法，各种方法几乎都会用到分析法。可以说，分析力是体现一个人智力水平的重要方面。

分析法解题的关键是"将条件用尽"，即对于题目所给出的条件逐个列出，同时还要善于分析隐含条件。运用分析法，让看上去复杂的问题变得十分简单。

在学习和工作的过程中，几乎处处离不开分析法，它对提高个人的推理能力有很大帮助。

1. 标签怎样用【初级】

狗妈妈生了 9 只狗宝宝。

9 只狗宝宝长得都很相像，分不出哪只是哪只。

有 10 张带数字的标签，却只有 1 号到 5 号的 5 种。

那么，区别 9 只狗宝宝最少要用几种数字标签？

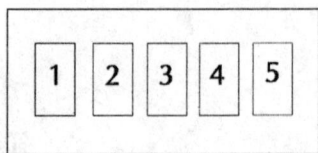

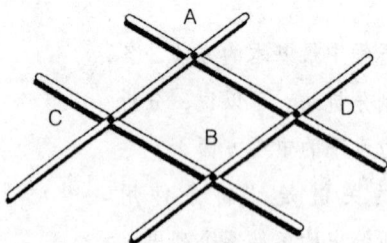

2. 远近【初级】

左图中的黑点表示支点。如果将 A 点和 B 点移近，C 点和 D 点会接近些还是离远些？

3. 图形变身【初级】

如果 A 变身为 B，那么 C 应变身为哪个呢？

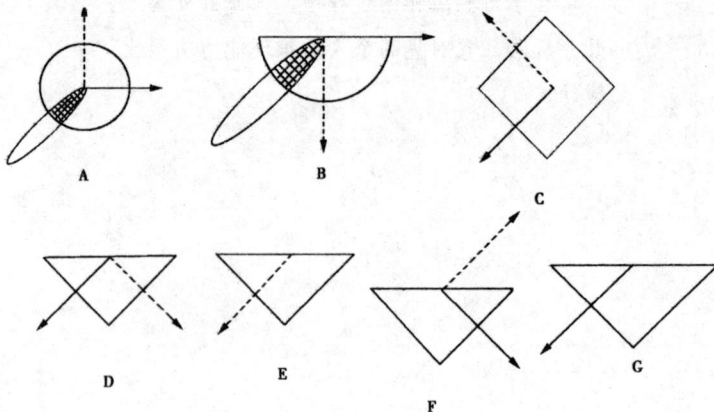

4. 理发【初级】

在一个小镇上，只有两个理发师，他们各开有一家理发店。一天，有个外地人路过此地，想理个发，但他又不知道这两个理发师谁的技术好一些。于是他便走进第一家理发店，发现这个理发师的头发七长八短。于是他又走进第二家理发店，发现这个理发师的头发整整齐齐。

这个外地人最终选择了哪位理发师？

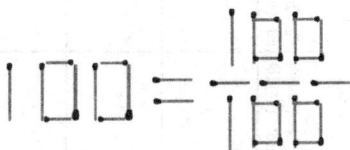

5. 只动一点点【初级】

如图，请加上一支火柴棒，使等式成立。

6. 机车【初级】

在考伦喀斯特铁路展览馆里有3辆曾经服役于大盘格鲁人车站的机车。根据下面的信息，你能说出每辆机车的名字、颜色、各自所属的类型以及制造时间吗？

1. 顾名思义，沃克斯·阿比属于阿比类发动机。

2. 外面被漆成深红色和白色的亚历山大曾被应用于制造机载导弹，而亚历山大不是越野类发动机。

3. 罗德·桑兹不是那辆制造于1942年外表为橄榄绿的机车。

4. 越野类型的机车直到1909年以后才被设计出来。

7. 洗车工 【初级】

为了赚些外快，比尔和他的两个朋友约定每个人清洗一辆邻居的车。根据下面的信息，你能找出他们各自为谁洗车、车的品牌及颜色吗？

1. 比尔清洗了一辆红色的车，但不是福特车。

2. 派恩先生的车是蓝色的。

3. 在他们所洗的几辆车中有一辆是黄色的普乔特。

4. 罗里清洗了斯蒂尔先生的车。

		科顿先生	派恩先生	斯蒂尔先生	福特	普乔特	沃克斯豪	蓝色	红色	黄色
男孩	比尔									
	卢克									
	罗里									
	蓝色									
	红色									
	黄色									
	福特									
	普乔特									
	沃克斯豪									

8. 在购物中心工作 【初级】

3位年轻的女性刚刚到新世纪购物中心的几个店面打工。根据下面的线索，你能找出雇佣她们的商店的名字、类型以及她们各自开始工作的具体时间吗？

1. 和在面包店工作的女孩相比，安·贝尔稍晚一些找到工作，那家面包店不叫罗帕。

2. 艾玛·发不是8月份开始在万斯店工作。

3. 卡罗尔·戴不在零售店工作。

	赫尔拜店	罗帕店	万斯店	面包店	化学药品店	零售店	7月	8月	9月
安·贝尔									
卡罗尔·戴									
艾玛·发									
7月									
8月									
9月									
面包店									
化学药品店									
零售店									

4. 其中一个女孩不是从9月份开始在赫尔拜的化学药品店工作。

9. 不同颜色的马 【初级】

3个女孩各有一匹不同颜色的小马。从给出的线索中，你能说出每个女孩的全名、她们各自马的名字和颜色吗？

1. 贝琳达的褐色小马不叫维纳斯。

2. 姓郝克斯的女孩有匹黑色小马。

3. 灰色小马的名字叫邦妮。

4. 费利西蒂姓威瑟斯。

		姓			马				
	郝克斯	梅诺	威瑟斯	邦妮	潘多拉	维纳斯	黑色	褐色	灰色
名 贝琳达									
凯蜜乐									
费利西蒂									
黑色									
褐色									
灰色									
马 邦妮									
潘多拉									
维纳斯									

10. 长长的工龄 【初级】

昨天，如同往常所有的工作日一样，3位女士在大学食堂的服务台上工作。从以下给出的线索中，你能推断出她们的名字、年龄、工龄和每个人的职责吗？

1. 那位54岁的女士工作的时间没有内尔长。

2. 提供主菜的那位女士今年有56岁了。

	52岁	54岁	56岁	16年	18年	20年	主菜	餐后甜点	饮料
布里奇特									
洛蒂									
内尔									
主菜									
餐后甜点									
饮料									
16年									
18年									
20年									

3. 洛蒂已经有18年的工作经验，她的工作不是分配饮料。

4. 布里奇特的职责是提供餐后甜点。

11. 魔方【中级】

右图是一个魔方从两个方向看的视图效果，这个魔方的 6 个面上各写着 A ~ F 不同的字母。请问，C 的对面是哪个字母？

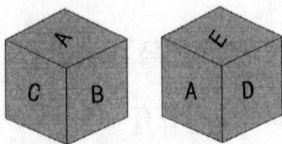

12. 渡河【中级】

渡过小河唯一的办法就是小心翼翼地踩着一块块石头，一旦踩错了石头，就会掉进河里。从 A 开始，每一排只能踩一块石头，你会沿着什么顺序走呢？

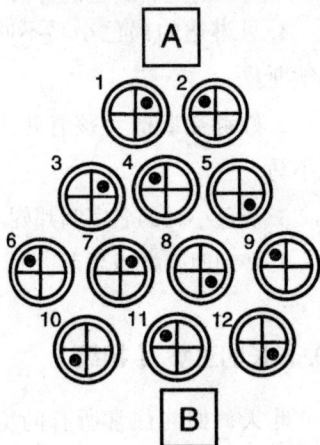

13. 聪明的匪徒【中级】

一群匪徒在沙漠中遇到困难了，必须扔下一个人，于是狡猾的头目命 19 名匪徒排成一行，说："因为食物、饮水不足，所以在天黑前，凡点到第七名的人可以留在车上，数到最后第七名的那个人就必须留在沙漠中。"说完头目自己站到第六名匪徒后面（图中倒置的火柴是头目）。有个聪明的匪徒负责点数，他想让其他弟兄离开沙漠而让头目留在沙漠中。那么，他该如何点数？

14. 多点相连【中级】

用 6 条直线（一笔）将 16 个点连接起来，怎么连呢？

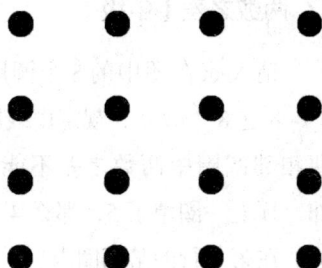

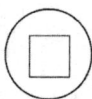

4516　　7924　　?

15. 图形数字【中级】

请观察各图形与它下面数字间的关系，然后在问号处填上一个适当的数。

6824　　4535　　7916

7935　　6816　　4524

16. 三只桶的称量【中级】

有一个商人用一个大桶装了 12 千克油到市场上去卖，恰巧市场上两个人分别带了 5 千克和 9 千克的两个小桶，但他们要买走 6 千克的油，而且一个买 1 千克，一个买 5 千克。这个商人要怎样称给他们呢？

17. 两数之差【中级】

请大家在图中的 8 个圆圈里填上 1 ~ 8 这 8 个数字，规定由线段联系的两相邻圆圈中两数之差不能为 1。例如，顶上一圈填了 5，那么 4 与 6 都不能放在第二行的某圆圈内。

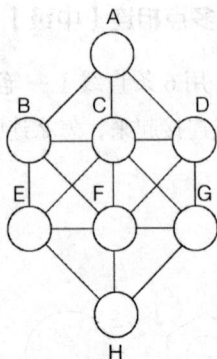

18. 寄出的信件【中级】

根据所给出的线索，你能说出位置 1 ~ 4 上的女士的姓名和她们要寄出的信件的数目吗？

1. 埃德娜和鲍克丝夫人是离邮筒最近的人；前者寄出的信件数比后者少。

2. 邮筒两边的女士寄出的总信件数一样多。

3. 克拉丽斯·弗兰克斯所处位置的编号，比邮筒对面寄出 3 封信的那个女人小。

4. 博比不是斯坦布夫人，她不在 3 号位置。

5. 只有一个女人所处的位置编号和她要寄的信件数是相同的。

名：博比，克拉丽斯，埃德娜，吉马
姓：鲍克丝，弗兰克斯，梅勒，斯坦布
信件数：2，3，4，5

19. 柜台交易【中级】

有两位顾客正在一家化学用品商店买东西。从以下所给的线索中，你能正确地说出售货员和顾客的姓名、顾客各自所买的东西以及找零的数目吗？

1. 杰姬参与的买卖中需要找零 17 便士，而沃茨夫人不是。

2. 朱莉娅是由一个叫蒂娜的售货员接待的，但她不是买洗发水的奥利弗夫人。

3. 图中的 2 号售货员不是莱斯利，而莱斯利不姓里德。

4. 阿尔叟小姐卖出的不是阿司匹林。

5. 2 号售货员给 4 号顾客找零 29 便士。

名：杰姬，朱莉娅，莱斯利，蒂娜
姓：阿尔叟，奥利弗，里德，沃茨
商品：洗发水，阿司匹林
找零：17 便士，29 便士

20. 春天到了【中级】

某个小村庄的学校里，4 个男孩正坐在长椅 1、2、3、4 的位置上上自然科学课，在这堂课中，每位同学都要把前段时间注意到或做过的事情告诉老师和同学。从以下所给的线索中，你能辨别出这 4 个人并推断出他们各自在这堂课中所说的事件吗？

1. 从你的方向看过去，那个看到翠鸟的男孩就坐在汤米的右边，他们中间没有间隔。

2. 听到今年第一声布谷鸟叫的是一个姓史密斯的小伙子。

3. 从你的方向看过去，比利坐在埃里克左边的某个位置上，其中普劳曼是埃里克的姓。

4. 图中位置 3 上坐着亚瑟同学。

5. 位置 2 的男孩告诉了大家周末他和父亲玩鳟鱼的事，他不姓波特。

名：亚瑟，比利，埃里克，汤米
姓：诺米，普劳曼，波特，史密斯
事件：听到布谷鸟叫，看到山楂开花，看到翠鸟，玩鳟鱼

1　　2　　3　　4

21. 赛马【中级】

图中向我们展示了业余赛马骑师的一场点对点比赛，其中一场比赛的照片展示在田径运动会的宣传卡片上。根据以下所给出的线索，你能说出每匹马的名字以及各骑师的姓名吗？

1. 第二名的马名叫艾塞克斯女孩。

2. 海员赛姆不是第四名，它的骑师姓克里福特，但不叫约翰。

3. 蓝色白兰地的骑师，他的姓要比萨利的姓少一个字母。

4. 麦克·阿彻骑的马紧跟在西帕龙的后面，西帕龙不是理查德的马。

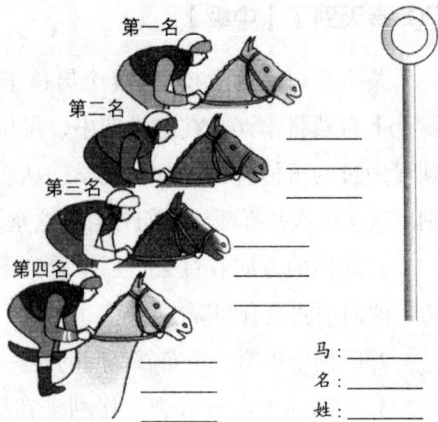

第一名
第二名
第三名
第四名

马的名字：蓝色白兰地，艾塞克斯女孩，海员赛姆，西帕龙

马：
名：
姓：

骑师的名字：埃玛，约翰，麦克，萨利
骑师的姓：阿彻，克里福特，匹高特，理查德

22. 往返旅途【中级】

昨天，北切斯特的 3 个市民都去了市中心，他们来去都采用了不同的交通方式。从以下所给的线索中，你能说出这 3 个人的全名以及他们来回的交通方式吗？

1. 在市中心遭劫之后被警察带回家的受害者不是巴里·沃斯。

2. 姓扎吉的人不是坐巴士去市中心的。

3. 由于天下雨，范是坐计程车回来的。

4. 喜欢保持身材而步行的家伙是被救护车送回来的，因为他撞到了井栏石上。

5. 乔安妮不是那个骑新折叠自行车的人。

		姓			自行车	巴士	步行	救护车	计程车	警车
		范	扎吉	沃斯						
名	巴里									
	乔安妮									
	罗宾									
	救护车									
	计程车									
	警车									
	自行车									
	巴士									
	步行									

23. 扮演马恩的4个演员【中级】

马恩是20世纪最伟大的人物之一。最近，不列颠电视台将上演休·马恩的自传，电视台的新闻办公室公布了分别扮演马恩各个时期的4个演员的照片。从以下所给出的线索中，你能说出4个演员的名字以及所扮演的时期吗？

1.C饰演孩童时代的马恩，他不姓曼彻特。

2.安东尼·李尔王不饰演晚年的马恩，马恩在晚年时期已经成

为哲学家。

3. 理查德紧贴在哈姆雷特的左边，哈姆雷特饰演的是那个正谈论他的伟大军事理想的马恩。

4. A是朱利叶斯。

名：安东尼，约翰，朱利叶斯，理查德
姓：哈姆雷特，李尔王，曼彻特，温特斯
时期：孩童，青少年，士兵，晚年

24. 五月皇后【中级】

考古学家最近在一个小村镇里挖掘出了一张关于五月皇后的名单，在18世纪早期，五月皇后连续7年被推选出来执政。从以下所给的线索中，你能说出1721–1727年分别推选出的五月皇后的全名是什么、是谁的女儿吗？

1. 萨金特在教区长女儿之后两年、汉丽特之前两年成为五月皇后。

2. 布莱克是在1723年5月当选的。

3. 安·特伦特是偶数年份当选的五月皇后，她的父亲不是箍桶匠。

4. 安德鲁是在织工的女儿之前当选为五月皇后的，她不是比阿特丽斯。

5. 铁匠卢克·沃顿的女儿也是其中一位五月皇后，在沃里特之后当选，而且不是在1725年当选的。

6. 木匠的女儿苏珊娜是在索亚之前当选的五月皇后。

7. 米尔福德在箍桶匠的女儿当选之后两年成为五月皇后，她的前任是旅馆主人的女儿,旅馆主人的女儿在玛丽当选的两年之后当选。

8. 教区长的女儿紧接在简之后当选为五月皇后。

名:安,比阿特丽斯,汉丽特,简,玛丽,苏珊娜,沃里特
姓:安德鲁,布莱克,米尔福德,萨金特,索亚,特伦特,沃顿
父亲:铁匠,木匠,箍桶匠,旅馆主人,教区长,茅屋匠,织工

25. 年轻人出行【中级】

某一天,同一村庄的4个年轻人朝东、南、西、北4个方向出行。从以下所给的线索中,你能推断出他们各自走的方向、出行的方式以及出行原因吗?

1. 安布罗斯和那个骑摩托车去上高尔夫课的人走的方向刚好相反。

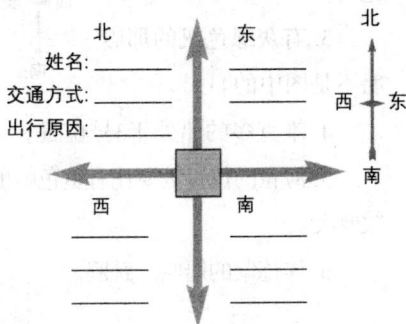

北　　　　　东　　　　　　　　北
姓名:_____
交通方式:_____　　　　西　东
出行原因:_____
　　　　　　　　　　　　　　南
西　　　　　南
_____
_____
_____

2. 其中一个年轻人所要去的游泳池在村庄的南面,而另外一个年轻人参加的拍卖会不是在村庄的西面举行。

3. 雷蒙德离开村庄后直接朝东走。

4. 欧内斯特出行的方向是那个坐巴士的年轻人出行方向逆时针转90°的方向。

5. 坐出租车出行的西尔威斯特没有朝北走。

姓名:安布罗斯,欧内斯特,雷蒙德,西尔威斯特
交通工具:巴士,小汽车,摩托车,出租车
出行原因:拍卖会,看牙医,上高尔夫课,游泳

26. 航海【中级】

在某个阳光灿烂的夏日午后，4艘游船在某海湾航行，位置如图。根据以下所给的线索，你能说出这4艘船的名字、航海员以及帆的颜色吗？

1. 海鸠在马尔科姆掌舵的船东南面，马尔科姆掌舵的船帆是白色的。

2. 燕鸥在图中处于奇数的位置，它的帆是灰蓝色的。

3. 有灰绿色帆的那艘船不是图中的4号。

4. 维克多的船处于3号位置。

5. 海雀的位置数要比有黄色帆的游船小，但比大卫掌舵的船位置数要大。

6. 埃德蒙的船叫三趾鸥。

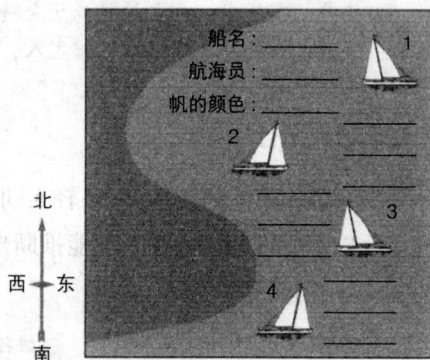

船名：海鸠，三趾鸥，海雀，燕鸥
航海员：大卫，埃德蒙，马尔科姆，维克多
帆：灰蓝色，灰绿色，白色，黄色

27. 交叉目的【中级】

上星期六，住在4个村庄的4位女士由于不同的原因，如图所示，同时朝着离家相反的交叉方向出发。从以下所给的线索中，你能指出这4个村庄的名字、4位女士的名字以及她们各自出行的原因吗？

1. 波利是去见一位朋友。

2. 耐特泊村的居民出去遛狗。

3. 村庄4的名字为克兰菲尔德。

4. 西尔维亚住的村庄靠近参加婚礼的人住的村庄，并在这个村庄的逆时针方向。

5. 丹尼斯去了波利顿村，它位于举行婚礼的利恩村的东面。

村庄：克兰菲尔德村，利恩村，耐特泊村，波利顿村
名字：丹尼斯，玛克辛，波利，西尔维亚
原因：参加婚礼，遛狗，见朋友，看望母亲

28. 可爱的熊【中级】

我妹妹在她梳妆台的镜子上摆放了4张照片，这4张照片展示的是她去年去动物园时所看到的熊。从以下所给的线索中，你能说出这4只熊的名字、种类以及各个动物园的名字吗？

1. 布鲁马的照片来自它生活的天鹅湖动物园。

2. A照片上的熊叫帕丁顿，它不来自秘鲁。

3. 格林斯顿动物园的灰熊的照片印在一张正方形的明信片上。

4. 眼镜熊的照片在鲁珀特的右边，鲁珀特熊不穿裤子。

5. 泰迪的照片紧靠来自布赖特邦动物园那只熊的左边，后者不是东方太阳熊。

熊名：布鲁马，帕丁顿，
鲁珀特，泰迪

种类：灰熊，极地熊，
眼镜熊，东方太阳熊

动物园：布赖特邦，格
林斯顿，诺斯丘斯特，
天鹅湖

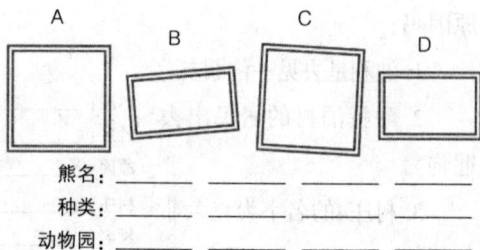

A B C D

熊名：＿＿＿＿＿＿

种类：＿＿＿＿＿＿

动物园：＿＿＿＿＿＿

29. 囚室【中级】

下图中的Ⅰ，Ⅱ，Ⅲ，Ⅳ分别代表4间囚室。你能依据线索说出被囚禁者以及他或她父亲的名字等细节吗？

1. 在房间Ⅰ里的是国王尤里的孩子。

被囚禁者：＿＿＿＿＿
国王：＿＿＿＿＿
王国：＿＿＿＿＿

2. 禁闭阿弗兰国王唯一的孩子的房间，是尤里天的郡主所在房子的逆时针方

被囚禁者：＿＿＿＿＿
国王：＿＿＿＿＿
王国：＿＿＿＿＿

向上的第一间，后者的房子在沃而夫王子的对面。

3. 禁闭欧高连统治者孩子的房间，是国王西福利亚的孩子所在房间逆时针方向上的第一间。

4. 勇敢的阿姆雷特王子，在美丽的吉尼斯公主所在房间顺时针方向的第一个房间，即马兰格丽亚国王的小孩所在房间逆时针方向的下一间。

5. 卡萨得公主在一位优秀王子的对面，前者的父亲统治的不是卡里得罗。卡里得罗也不是国王恩巴的统治地。

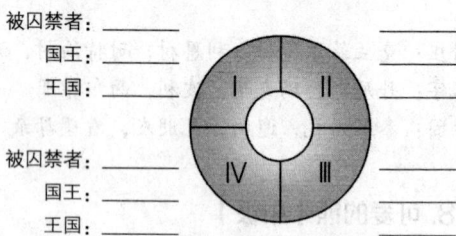

被囚禁者：阿姆雷特王子，沃而夫王子，卡萨得公主，吉尼斯公主
国王：阿弗兰，恩巴，西福利亚，尤里
王国：卡里得罗，尤里天，马兰格丽亚，欧高连

30. 下一个出场者【中级】

乡村板球队正在比赛，有4位替补选手正坐在替补席上整装待发。从以下给出的线索中，你能说出这4位选手的名字、赛号以及每个人在球队中的位置吗？

1. 6号是万能选手，准备下一个出场，他坐的位置紧靠帕迪右侧。

2. 尼克是乡村队的守门员。

3. 旋转投手的位置不是7号。

4. 图中C位置被乔希占了。

5. 选手A将在艾伦之后出场。

6. 坐在长凳B位置的选手是9号。

姓名：＿＿ ＿＿ ＿＿ ＿＿
赛号：＿＿ ＿＿ ＿＿ ＿＿
位置：＿＿ ＿＿ ＿＿ ＿＿

姓名：艾伦，乔希，尼克，帕迪
赛号：6，7，8，9
位置：万能，快投，旋转投手，守门员

31. 戒指女人【中级】

洛蒂·吉姆斯本是一个不起眼的女演员，但是因和很多有钱男人订过婚，关系破裂后得到他们价值连城的婚戒而扬名，从而成为名副其实的"戒指女人"。根据以下所给的线索，你能说出每枚戒指里所用的宝石的类型、戒指的价值以及这些戒指分别是哪个男人送的吗？

165

1. 洛蒂从企业家雷伊那得到的钻戒就在价值10 000英镑的戒指旁边。

2. 从电影导演马特·佩恩那得到的戒指要比那个硕大的红宝石戒指便宜。

宝石：＿＿＿ ＿＿＿ ＿＿＿ ＿＿＿
价值：＿＿＿ ＿＿＿ ＿＿＿ ＿＿＿
未婚夫：＿＿＿ ＿＿＿ ＿＿＿ ＿＿＿

3. 那个翡翠戒指价值不是15 000英镑，它不是休·基恩给她的。

4. 戒指3花了她前未婚夫20 000英镑。

宝石：钻石，翡翠，红宝石，蓝宝石
价值（英镑）：10 000，15 000，20 000，25 000
未婚夫：艾伦·杜克，休·基恩，马特·佩恩，雷伊·廷代尔

32. 多面体环【中级】

8个正八面体可以组成1个多面体的环，如图1所示。

请问其他几种正多面体用同样的方法能否组成这样的多面体环？

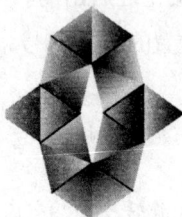

图1

正四面体

正六面体（立方体）

正八面体

正二十面体

正十二面体

答 案

1.

正确答案是一种。当然用9个数字标签也可以轻易地区分出狗宝宝，但是，即使只有一种卡片也是可以把狗宝宝区分开的。只要把方向和贴的部位区分开，不要说是9只，就是再多的狗宝宝也可以清楚地区分开。举个例子，比如我们有写有"1"的卡片，就可以在第一只肚子上横着贴，第二只背上竖着贴，以此类推……除此之外还有很多方法。

2.

离远一些。

3.

E。图形等于折叠成一半。

4.

选择了第一个头发七长八短的理发师。

5.

如图所示，把火柴棒竖起来当作小数点。还可以将一根火柴棒放在等号上，变成"不等于"。

把火柴棒竖起来当小数点

6.

由于亚历山大是深红色和白色外表（线索2），罗德·桑兹不是橄榄绿色（线索3），因此它是猩红色和黄色。而橄榄绿的机车是沃克斯·阿比，属于阿比类（线索1），并在1942年制造（线索3）。亚历山大不是越野类型的发动机（线索2），因此是商务车类型的，而越野类型的发动机是罗德·桑兹，它不是始于1909年（线索4），而是在1926年制造的，

1909 年的机车是亚历山大。

答案：

亚历山大，商务车类，深红／白色，1909 年。

罗德·桑兹，越野类，猩红／黄色，1926 年。

沃克斯·阿比，阿比类，橄榄绿，1942 年。

7.

由于那辆普乔特是黄色的（线索3），比尔清洗的红车不是福特车（线索1），因此得出红车是沃克斯豪，而福特车是蓝色的并属于派恩先生（线索2）。我们现在知道比尔清洗的是沃克斯豪，派恩先生的车是福特，罗里清洗的斯蒂尔先生的车（线索4）一定是黄色的普乔特。剩下卢克清洗的车是派恩先生的福特，最后排除法得出，比尔清洗的红色的沃克斯豪是科顿先生的。

答案：

比尔，科顿先生，沃克斯豪，红色。

卢克，派恩先生，福特，蓝色。

罗里，斯蒂尔先生，普乔特，黄色。

8.

由于赫尔拜店是家化学药品店（线索4），面包店不是罗帕店（线索1），因此一定是万斯店，而罗帕店是家零售店。这家店没有雇佣卡罗尔·戴（线索3）或艾玛·发，因为后者在面包店工作（线索2），所以他们雇佣的是安·贝尔，而卡罗尔·戴在赫尔拜化学药品店工作，但她的工作不是9月份开始的（线索4），艾玛·发也不是在9月份开始工作（线索1），因此9月份开始工作的一定是安·贝尔。艾玛·发开始工作的时间不是8月份（线索2）而是7月份，而卡罗尔·戴开始工作的时间是8月份。

答案：

安·贝尔，罗帕店，零售店，9月份。

卡罗尔·戴，赫尔拜店，化学药品店，8月份。

艾玛·发，万斯店，面包店，7月份。

9.

灰色小马叫邦妮（线索 3），属于贝琳达的褐色小马不叫维纳斯（线索 1），所以一定叫潘多拉。黑色小马一定叫维纳斯，而维纳斯的主人姓郝克斯（线索 2）。现在我们知道潘多拉的主人叫贝琳达，而维纳斯的主人姓郝克斯，所以费利西蒂·威瑟斯（线索 4）必定是灰色小马邦妮的主人。得出凯蜜乐姓郝克斯，贝琳达姓梅诺。

答案：

贝琳达·梅诺，潘多拉，褐色。

凯蜜乐·郝克斯，维纳斯，黑色。

费利西蒂·威瑟斯，邦妮，灰色。

10.

布里奇特的职责是提供餐后甜点（线索 4），洛蒂不是提供饮料的（线索 3），所以她是提供主菜的，而内尔是提供饮料的。因此，根据线索 2，洛蒂是 56 岁。内尔不可能是 54 岁（线索 1），所以是 52 岁；布里

奇特则是 54 岁。洛蒂已经为此工作了 18 年（线索 3）。内尔的工作时间一定比 16 年长（线索 1），所以内尔是 20 年，布里奇特是 16 年。

答案：

布里奇特，54 岁，16 年，餐后甜点。

洛蒂，56 岁，18 年，主菜。

内尔，52 岁，20 年，饮料。

11.

D。如果只通过大脑思考就能解决的话是最好不过了，不过画一个展开图来看是比较常用的方法。

12.

2，3，8 和 10，每一排的圆圈都是沿着顺时针方向旋转 90°。

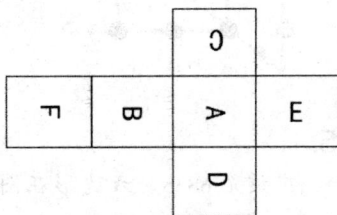

13.

这位聪明的匪徒是从头目前两名开始数起的。当他点到第一个第七名时，一名弟兄就得救。再往下数，数到第二个第七名，又一名弟兄得救。依次点下去，弟兄们全部得救留在车上，最后一个第七名正好轮到狡猾的头目。

14.

如图：

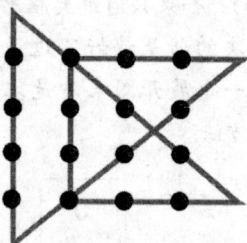

15.

应该是6835。六边形在图形外面表示45，在里面表示35；圆在外面表示79，在里面表示16；正方形在外面表示68，在里面表示24。

16.

先从大桶中倒出5千克油到5千克的桶，然后将其倒入9千克桶里，再从大桶里倒出5千克油到5千克的桶里，然后用5千克桶里的油将9千克的桶灌满。现在，大桶里剩有2千克油，9千克的桶已装满，5千克的桶里有1千克油。再将9千克桶里的油全部倒回大桶里，大桶里有了11千克油。把5千克桶里的1千克油倒进9千克桶里，再从大桶里倒出5千克油，现在大桶里有6千克油，而另外6千克油也被换成了1千克和5千克两份。

17.

在1～8这8个数中，只有1与8各只有一个相邻数（分别是2与7），其他6个数都各有两个相邻数。图中的C圆圈，它只与H不相连，因此如果C填上了2～7中任意一个，那么只有H这一个格子可以填进它的邻数，这显然不可能，于是C内只能填1（或8）。同理，F内只能填8（或1），A只能填7（或2），H只能填2（或7），再填其他4个数就方便了。

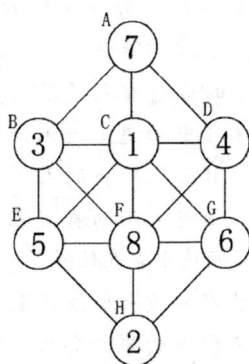

18.

　　埃德娜和鲍克丝夫人应为2号或3号（线索1），而克拉丽斯·弗兰克斯肯定不是4号（线索3），只能是1号。寄出3封信件的女人位于图中3或者4的位置（线索3）。线索2告诉我们邮筒两边寄出的信件数量相同，那么它们必将是5封和2封在邮筒一侧，3封和4封在另一侧，所以寄出4封信件的女人必将位于3或者4的位置。但只有一个人的信件数和位置数相同（线索5），结果只可能是4号女人有3封信而3号女人有4封信。从线索5中知道，2号有2封信件要寄，剩下克拉丽斯·弗兰克斯是5封。

　　我们知道埃德娜和鲍克丝夫人位于图中2或者3的位置，因此现在知道埃德娜是2号，有2封信要寄出，而鲍克丝夫人是3号，有4封信，她不是博比（线索4），那么她就是吉马，剩下在4号位置的博比，不是斯坦布夫人（线索4），那么她只可能是梅勒，而斯坦布夫人是埃德娜。

　　答案：

　　位置1，克拉丽斯·弗兰克斯，5封。

　　位置2，埃德娜·斯坦布，2封。

　　位置3，吉马·鲍克丝，4封。

　　位置4，博比·梅勒，3封。

19.

　　朱莉娅是其中一位顾客（线索2）。29便士是2号售货员给4号顾客的找零（线索5），但是2号不是莱斯利（线索3），也不是杰姬，因为后者参与的交易是17便士的找零（线索1），因此2号肯定是蒂娜，4号是朱莉娅（线索2），而后者不是买了洗发水的奥利弗夫人（线索2），那么奥利弗夫人肯定是3号。朱莉娅一定买了阿司匹林，她是阿尔叟小姐接待的（线索4），而阿尔叟小姐肯定是蒂娜。通过排除法，17便士的找零必定是1号售货员给3号顾客的，因此通过线索1，朱莉娅肯定是沃茨夫人，而剩下的1号售货员肯定是里德夫人，她也不是莱斯利（线索3），所以她只能是杰姬，最后得出莱斯利姓奥利弗。

答案：

1号，杰姬·里德，找零17便士。

2号，蒂娜·阿尔叟，找零29便士。

3号，莱斯利·奥利弗，买洗发水。

4号，朱莉娅·沃茨，买阿司匹林。

20.

亚瑟在图中位置3（线索4），从线索1中知道，看到翠鸟的不是位置1也不是位置4的人。位置2的那个小伙子周

末和父亲玩了鳟鱼（线索5），因此，通过排除法，只能是位置3号的亚瑟看到了翠鸟。另从线索1中知道，汤米在2号位置，且是玩鳟鱼的人。通过线索3知道，比利肯定在1号位置，而埃里克在位置4。我们现在已经知道3个位置上人的姓或者所做的事，那么，听到布谷鸟叫的史密斯（线索2）肯定是1号的比利。剩下埃里克只能是看到山楂开花的人。最后，从线索5中知道，汤米不是波特，那么他必定是诺米，剩下波特是看到翠鸟的亚瑟。

答案：

位置1，比利·史密斯，听到布谷鸟叫。

位置2，汤米·诺米，玩鳟鱼。

位置3，亚瑟·波特，看到翠鸟。

位置4，埃里克·普劳曼，看到山楂开花。

21.

麦克的姓是阿彻（线索4），而克里福特不是约翰，他的马

是海员赛姆（线索2），他不可能是萨利（线索3），那么他就是埃玛。艾塞克斯女孩是第二名（线索1），第四名的马不是海员赛姆（线索2），不是西帕龙（线索4），则一定是蓝色白兰地。他的骑师不是理查德，理查德骑的也不是西帕龙（线索3），我们已经知道了海员赛姆的骑师，那么理查德的马一定是艾塞克斯女孩。麦克·阿彻不可能是第一名的马的骑师（线索4），而西帕龙不是第二，他也不在第三名的马（线索4），所以他肯定是第四名马匹的骑师，他的马是蓝色白兰地。因此，从线索4中知道，西帕龙是第三名，通过排除法，海员赛姆是第一名。从线索3中知道，萨利姓匹高特，则她的马一定是第三名的西帕龙。最后，剩下第二名的马就是艾塞克斯女孩，骑师是约翰·理查德。

答案：

第一名，海员赛姆，埃玛·克里福特。

第二名，艾塞克斯女孩，约翰·理查德。

第三名，西帕龙，萨利·匹高特。

第四名，蓝色白兰地，麦克·阿彻。

22.

范是坐计程车回来的（线索3），巴里·沃斯不是坐警车回来的（线索1），则一定是被救护车送回来的，因此他去的时候是步行（线索4）。通过排除法，扎吉是坐警车回来的，他或者她去的时候不是坐巴士去的（线索2），那么只能是骑自行车去的，剩下范是坐巴士去的。因此扎吉不是乔安妮（线索5）的姓而是罗宾的，剩下乔安妮的姓就是范，后者去的时候坐巴士，回来时坐计程车。

答案：

巴里·沃斯，步行，救护车。

乔安妮·范，巴士，计程车。

罗宾·扎吉，自行车，警车。

23.

朱利叶斯是人物A（线索4），而哈姆雷特紧靠在理查德的右边（线索3），不可能是人物A或者B，他将饰演士兵（线索3），他不可能是人物C，因为人物C扮演孩童时代的马恩（线索1），那么他必将是人物D，理查德是扮演孩童时期的C。我们现在知道3个人的名或者姓，因此安东尼·李尔王（线索2）一定是B。通过排除法，哈姆雷特肯定是约翰。安东尼·李尔王不扮演哲学家（线索2），因此他肯定扮演青少年，而朱利叶斯扮演的是哲学家。最后，通过线索1知道，理查德不是曼彻特，他只能是温特斯，剩下曼彻特就是朱利叶斯，即人物A。

答案：

人物A，朱利叶斯·曼彻特，晚年。

人物B，安东尼·李尔王，青少年。

人物C，理查德·温特斯，孩童。

人物D，约翰·哈姆雷特，士兵。

24.

布莱克在1723年5月当选

（线索2），安·特伦特是在偶数年份当选的（线索3）。1721年当选的皇后不姓萨金特（线索1），也不是沃顿，沃顿的父亲是铁匠（线索5），她也不是索亚（线索6），也非米尔福德（线索7），因此只能是安德鲁。从线索4中知道，织工的女儿是在1722年当选的。教区长的女儿不是在1723年之后当选的，但是她也不是在1722年当选的，而布莱克在1723入选，线索1也能排除教区长的女儿在1721年入选。因此，知道教区长的女儿就是布莱克，即1723年的皇后。从线索1中知道，萨金特是1725年当选的，而汉丽特是1727年的皇后。我们已经知道1721年的五月皇后安德鲁的父亲不是织工、教区长和铁匠，也不是箍桶匠（线索7），因为布莱克是在1723年当选的，所以安德鲁的父亲也不是旅馆主人（线索7）和茅屋匠（线索8），通过排除法，他只能是木匠，而安德鲁就是苏珊娜（线索6）。线索6告诉我们索亚是1722年当选的。箍桶匠的姓不是特伦特（线索3），也非米尔福德（线索7），我们知道他也不姓安德鲁、布莱克、索亚、沃顿，因此只可能是萨金特。从线索7中知道，汉丽特的姓不是米尔福德，她的父亲不是旅店主人（线索7），也不是铁匠，所以只能是茅屋匠。线索5告诉我们，铁匠的女儿不是1726年的五月皇后，通过排除法，她应该是在1724年当选的，而沃里特是教区长布莱克的女儿，她在1723年当选（线索5），剩下旅馆主人的女儿是1726年当选的，通过排除法，可以知道她就是安·特伦特。现在从线索7可以知道玛丽就是沃顿，1724年的皇后。织工的女儿不是比阿特丽斯（线索4），则肯定是简，最后剩下比阿特丽斯就姓萨金特，她是箍桶匠的女儿。

答案：

1721年，苏珊娜·安德鲁，木匠。

1722年，简·索亚，织工。

1723年，沃里特·布莱克，教区长。

1724年，玛丽·沃顿，铁匠。

1725年，比阿特丽斯·萨金特，箍桶匠。

1726年，安·特伦特，旅馆主人。

1727年，汉丽特·米尔福德，茅屋匠。

25.

雷蒙德往东走（线索3），从线索1中知道，骑摩托车去上高尔夫课的人不朝西走。去游泳的人朝南走（线索2），拍卖会不在西面举行（线索2），因此朝西走只可能是去看牙医的人。西尔威斯特坐出租车出行（线索5），不朝北走，同时我们知道雷蒙德不朝北走，安布罗斯也不朝北走（线索1和2），那么朝北走的只可能是欧内斯特。从线索4中知道，坐巴士的人朝东走。我们知道雷蒙德不去游泳，也不去看牙医，而他的出行方式说明他不可能去玩高尔夫，因此他必定是去拍卖会。现在通过排除法知道，骑摩托车去上高尔夫课的人肯定是欧内斯特。从线索1中知道，安布罗斯朝南出行去游泳，剩下西尔威斯特坐出租往西走，去看牙医。最后可以得出安布罗斯开小汽车出行。

答案：

北，欧内斯特，摩托车，上高尔夫课。

东，雷蒙德，巴士，拍卖会。

南，安布罗斯，小汽车，游泳。

西，西尔威斯特，出租车，看牙医。

26.

图中3号游艇是维克多的（线索4），从线索1中知道，海鸥不可能是游艇4，有灰蓝色船帆的燕鸥也不是游艇4（线索2）。线索5排除了海雀是4号的可能性，因此4号游艇只能是埃德蒙的三趾鸥（线索6）。游艇1不是海鸥也不是海雀（线索1），那么它一定是燕鸥。我们知道燕鸥的主人不是埃德蒙，也不是拥有白色帆游艇的马尔科姆（线索1），那么

只能是大卫，而剩下马尔科姆是游艇2的主人。从线索1中知道，游艇3是海鸥，而剩下游艇2是海雀。三趾鸥的帆不是灰绿色的（线索3），那么肯定是黄色的，剩下海鸥是灰绿色的帆。

答案：

游艇1，燕鸥，大卫，灰蓝色。

游艇2，海雀，马尔科姆，白色。

游艇3，海鸥，维克多，灰绿色。

游艇4，三趾鸥，埃德蒙，黄色。

27.

村庄4的名字为克兰菲尔德（线索3），从线索5中知道，波利顿肯定是村庄2，那么利恩村肯定是村庄1，而剩下村庄3是耐特泊。村庄3的居民是出去遛狗的（线索2），从线索5中知道，这个居民一定是丹尼斯。而婚礼发生在利恩村（线索5），参加婚礼的人住的村庄一定是村庄4，即克兰菲尔德，

因此，现在从线索4中可以知道，西尔维亚一定住在村庄2，即波利顿村。现在我们已经知道了村庄2和3的居民，以及村民4出行的目的，那么线索1中提到的去看朋友的波利一定住在利恩村。通过排除法，最后知道玛克辛住在克兰菲尔德，而西尔维亚出行的目的是去看望她的母亲。

答案：

村庄1，利恩村，波利，见朋友。

村庄2，波利顿村，西尔维亚，看母亲。

村庄3，耐特泊村，丹尼斯，遛狗。

村庄4，克兰菲尔德村，玛克辛，参加婚礼。

28.

照片A是帕丁顿（线索2），D不是鲁珀特（线索4），也不是泰迪（线索5），因此只能是布鲁马，来自天鹅湖动物园（线索1）。照片B不是格林斯顿的灰熊（线索3），也不是来自天鹅湖的熊。线索5排除了它来自布赖特邦动物园的可能性，因为布赖特邦动物园的熊就在泰迪的右边，因此照片B上的熊一定来自诺斯丘斯特。现在，从线索5中可以知道，泰迪不可能在照片C上，因此，只能是B照片上的来自诺斯丘斯特的熊，而C则是鲁珀特。来自天鹅湖的布鲁马是一只眼镜熊（线索4），从线索5中知道，鲁珀特肯定是在布赖特邦动物园，剩下帕丁顿则是来自格林斯顿的灰熊。来自布赖特邦动物园的不是东方太阳熊（线索5），那么肯定是极地熊，最后剩下东方太阳熊肯定是照片B中的来自诺斯丘斯特动物园的泰迪。

答案：

照片A，帕丁顿，灰熊，格林斯顿动物园。

照片B，泰迪，东方太阳熊，诺斯丘斯特动物园。

照片C，鲁珀特，极地熊，布赖特邦动物园。

照片D，布鲁马，眼镜熊，天鹅湖动物园。

29.

卡萨得公主在一位王子的对面（线索5），那么吉尼斯公主一定在另外一位王子的对面，后者不是阿姆雷特王子（线索4），那么一定是沃而夫王子。从线索4中知道，按顺时针方向，他们房间分别是卡萨得公主、吉尼斯公主、阿姆雷特王子、沃而夫王子。从线索2中知道，吉尼斯公主的父亲是尤里天的统治者，而沃而夫王子的父亲则统治马兰格丽亚（线索4）。卡萨得公主的父亲不统治卡里得罗（线索5），那么他一定统治欧高连，通过排除法，阿姆雷特王子的父亲必定统治卡里得罗。从线索2中知道，卡萨得公主的父亲一定是阿弗兰国王，而吉尼斯公主的父亲统治尤里天，后者必定是国王西福利亚（线索3）。卡里得罗的阿姆雷特王子的父亲不是国王恩巴（线索5），那么必定是国王尤里，剩下国王恩巴是沃而夫王子的父亲。最后，从线索1中知道，阿姆雷特王子的房间是I，那么沃而夫王子则是

II，卡萨得公主是III，而吉尼斯公主在房间IV中。

答案：

I，阿姆雷特王子，国王尤里，卡里得罗。

II，沃而夫王子，国王恩巴，马兰格丽亚。

III，卡萨得公主，国王阿弗兰，欧高连。

IV，吉尼斯公主，国王西福利亚，尤里天。

30.

B位置上的是9号选手（线索6）。万能选手6号不可能在A位置上（线索1），而C位置上的选手是乔希（线索4），线索1提示位置D上的不可能是万能选手，那么万能选手一定是C位置上的乔希。现在，从线索1中可以知道，帕迪一定是位置B上的9号选手。我们现在已经知道A不是乔希，也不是帕迪，线索5排除了艾伦，那么他只可能是尼克，他是乡村队的守门员（线索2），最后剩下艾伦在D位置上。现在，从线索5中知道，艾伦一

定是 7 号，尼克则是 8 号，而艾伦一定不是旋转投手（线索 3），那么他一定是快投，剩下旋转投手是帕迪。

答案：

选手 A，尼克，8 号，守门员。

选手 B，帕迪，9 号，旋转投手。

选手 C，乔希，6 号，万能。

选手 D，艾伦，7 号，快投。

31.

戒指 1 是马特·佩恩给的（线索 2），戒指 3 价值 20000 英镑（线索 4），那么紧靠雷伊给的戒指右边的那个价值 10000 英镑的戒指一定是戒指 4。从线索 1 中知道，从雷伊那得到的钻戒一定是戒指 3，价值 20000 英镑。戒指 1 价值不是 25000 英镑（线索 1），那么它肯定值 15000 英镑。通过排除法知道，戒指 2 肯定价值 25000 英镑。而戒指 1 上的不是翡翠（线索 3），也不是红宝石（线索 2），那么一定是蓝宝石。红宝石戒指价值不是 10000 英镑（线索

2），那么一定是价值 25000 英镑的戒指 2。剩下价值 10000 英镑的戒指 4 是翡翠戒指，它不是休·基恩给的（线索 3），那么一定是艾伦·杜克给的，也就是说，休·基恩给了洛蒂价值 25000 英镑的红宝石戒指。

答案：

戒指 1，蓝宝石，15000 英镑，马特·佩恩。

戒指 2，红宝石，25000 英镑，休·基恩。

戒指 3，钻石，20000 英镑，雷伊·廷代尔。

戒指 4，翡翠，10000 英镑，艾伦·杜克。

32.

所有相同大小的正多面体都可以组成 1 个多面体环，除了正四面体。